All Voices from the Island

島嶼湧現的聲音

「野蠻」的復權

臺灣原住民族的轉型正義與現代法秩序的自我救贖

吳豪人

目次

推薦序

他們不是別人，他們就是我們

官大偉 Daya Dakasi

我敬豪人如師如兄長，他的學術造詣深厚、文思敏捷又辯才無礙，為大家所公認；他是一個人權思想者與實踐者，曾經擔任臺權會會長，並推動成立小米穗原住民文化基金會，見到不平之事總是挺身而出；他對當權者的批判經常不假顏色，私下待人又極為溫暖義氣。學理上我受他的許多啟發，個人交誼上他對我幾次真誠提醒，更讓我深為感動，能夠受邀為本書寫序，我衷心覺得萬分榮幸。

很多人都知道豪人兄長期關注原住民族議題，但我感覺他這幾年愈來愈是在以原住民族的經驗來教育臺灣的主流社會，為臺灣整體社會的未來尋找方向，在我看來，《「野蠻」的復權》這本書，是隱然具有這樣恢弘視野的一部作品。

排他性的私有產權制度在現代化秩序中，是市場機制、國家政治維持運作的核心，亦被視為不同於原始、野蠻之社會的一種進步，從洛克學說的觀點，其正當性來自認為個人勞動價值為個人所擁有，主張個人因其勞動價值和土地結合後不可分而取得所有權，也認為個人應對擁有所有權之土地應具絕對的支配權力；從康德學說的觀點，則認為時間上的先占，為市民之普遍意志所承認，是私有財產權成立的基礎。豪人兄指出，無論是從前者以勞動為核心的論述或是後者以時間為核心的論述，支持私有財產的理論都是充滿缺陷，亦非神聖不可侵，惟因為資本主義的強化而成為當代社會普遍牢不可破的觀念。於是，借用豪人兄的話：「即便是『史上最積極』推動將傳統土地返還給原住民族的蔡英文總統，也遭遇她自己提拔的政務委員公然挑戰，主張『原住民土地集體權違憲』，連法學博士總統也至今無言以對。」

自二〇一七年二月《原住民族土地或部落範圍土地劃設辦法》公告、凱道前的駐紮抗爭與驅離，到據於二二八紀念公園一隅的原轉小教室，許多朋友都經歷了一場集體挫折，幾個月嘗試在學理解釋與實務手段上提出解決爭議方式的熱烈努力，在行政部門將私有土地排除於傳統領域定義外的悍然堅持之下，逐漸化為心寒失望。朋友中，有人趨於冷眼看待各種政治操作與說辭，有人退回各自場域尋求從微小處改變的可能，而豪人兄則是掄起他的知識之劍，直指問題的核心關鍵，也就是對私有產權之偏執所反映的

「傲慢的無知／知識不更新」。

一個社會的產權制度和生產技術有關，民族學人類學常以游獵採集在單一土地範圍中收穫的不確定性，比較定耕農業的產量與土地區塊的直接對應，解釋前者需要更多的勞動合作與食物分享，而後者則可以進入個別家戶的生產及土地權的分割。我在二〇一七年六月於政大舉辦一場關於傳統領域的座談，豪人兄於會中從政治思想的角度指出，源自農業時代的啟蒙主義政治哲學中所有權絕對的主張，已經為工業革命所助長的資本主義所篡奪，工業資本主義社會中個人所有財產可以擴張之規模，遠非農業社會的市民法理可以想像，但為了維持理論一貫性的市民法不斷自圓其說，而其真正保護的，恐怕是財產權的絕對性而更甚於人性尊嚴。若以此觀之，我們今日難道不是應該對所有權絕對的觀念加以檢討嗎？進一步從土地利用制度來看，工業革命之後，並非沒有抑制私有產權的思想，例如以空間計畫滿足基本公共服務需求，透過分區的使用限制來維護公共利益。然而，集體權經常在資本的對抗中敗下陣來，空間計畫也可能被資本家運用做為土地炒作、累積更多財富的工具，也就是社會地理學者列斐伏爾（Henri Lefebvre）所說的，將土地剔骨去肉，剝除土地的各種價值，抽象化成市場中可交換之數量單位的過程。這樣的過程不僅是造成財富極不對等地累積在少數人的手裡，也造成人地關係的疏離，以及對土地不負責任的傷害而持續惡化的環境危機。

重新思考土地集體權的價值，是要回應今日社會最根本的問題，而《「野蠻」的復權》這本書的書名，已透露了一個契機，那些在線性演化之社會達爾文主義眼光下的「野蠻」，其實正是一個化解階級衝突、調和人地關係、邁向「文明」境界的機會。就產權而言，若以為從共有、總有（這兩者的差異在本書中有解釋）轉變到私有制的出現，就是一種進入更高階社會的象徵，而將私有制視為比共有、總有更進步的產權制度，將是極大的誤謬。以生態人類學先驅康克林（Harold Conklin）關注的菲律賓伊富高生產系統為例，既然有了水稻定耕的技術，卻仍保持燒墾游耕、採集的公共地帶，以避免因糧食來源過度單一化而在颱風時期斷糧的危險，可見產權型態並無低階（落後）／高階（進步）之分，端看社會需要而有所差異，甚至可以多元並存配置，以達到最適的生存策略。更重要的，這些共有、總有的產權制度，如同人地關係的多重價值，並非僅是「野蠻」之「他者」的社會所獨有，而是許多文化受到現代化秩序之宰制前，皆存在的經驗。

凱道駐紮後第七六三天，朋友傳來一張Nabu（那布）在二二八紀念公園的黑白照片，夜幕下坐在輪椅上的Nabu望著遠方。在那前幾天，一位原住民學界前輩在媒體上投書，認為都是為群體最大利益著想者，毋須彼此相視如寇讎，但文中在闡述社會條件的不足、行政部門之難處的同時，又指陳當初抗爭態勢一開始就拉得太高、對抗過於決絕，而讓局面僵持。由於前輩早先已有類似角度的發言，我原本不再多想，但在收到這張Nabu的照片後，我心中擰了起來。若按照豪人兄曾經的說法，Nabu、Panay（巴奈）、Mayaw（馬躍）之所以在凱道上難以脫身，是因為說了真話，那我們應該把說出真話的人，切割成為少數的「他們」嗎？若沒有說出真話形成的抗爭壓力和露宿街頭的代價，「我們」能優雅地投書媒體和在電腦前打字寫序討論這件事情嗎？

再過了幾天，我的心念仍懸掛著，但開始有了另一個想法，做為對於國家處理原住民族傳統領域方式不滿的一方，我們怎麼看待那些穿梭於廟堂的原住民政治人物？固然掌握權力就應該被監督批判，是不變的真理，但若非脫離現有原住民族權利論述的框架，我們就必須跟現有國家綁在一起，那麼那些和國家打交道的事情，不就是一種必要之惡？我們真能把那些與惡為伍，或成為惡之一部分的人，切割成與我們不相干的「他們」嗎？「我們」與惡的距離又有多遠？

最近這一兩年和豪人兄同臺在與原住民族有關的學術研討會場合，豪人兄都提出和私有財產有關的宏觀思辯，而在前述劃設辦法的挫折低盪中，我則試著回頭梳理臺灣土地歷史的脈絡，一方面看到移民殖民主義一層層巨大的影響，思索不同時期、不同區域，乃至不同族群間的土地經驗的異同；另一方面也將尺度縮小，試著理解墾殖者、墾殖者後代的生命經驗。如此並非是得了斯德哥爾摩症候群，而是意識到移民殖民主義本身不會自己行使掠奪暴力，暴力是透過一個個被納入其中的執行者與墾殖者來達成，這些墾殖者和墾殖者的後代沒有創傷嗎？轉頭避而不見、對原住民族所殷殷訴求的正義「冷漠到了極點」（借用豪人兄在書中的話），豈不又是一種無法面對過去的心靈扭曲？不願面對土地歷史，讓臺灣社會陷於對土地短視、狂妄開發的態度，錯失向與這塊土地有長期互動、調適經驗之原住民族學習的機會。豪人兄的這本書批判犀利，但也是苦口婆心的為臺灣社會提供療癒創傷、走向未來的洞見。

本書中的另一個洞見，是指出人類學、法學與殖民主義的密不可分，在臺灣的脈絡存在著三個有待填補的空白，除了人類學與法學如何協力的歷史、人類學與法學聯手摧毀原住民社會後突然分道揚鑣的現象有待探索之外，第三個空白則是需要藉由人類學與法學攜手，從人類學理解文化的眼光，讓法學者認識原住民文化中的正義哲學，進而促成其在修復式正義法學的運用，以及落實原住民原住民族傳統規範的現代適用，而這樣的合作，其實也將使臺灣社會在未竟的解殖之路上更進一步。豪人兄優游學海，貫穿古今，我衷心期盼他的提醒能夠促成更多跨學科的對話和合作。

豪人兄在本書中引泰雅族的罪罰觀念，指出在泰雅族的文化中，一人犯錯，則同遵共屬一個gaga的成員，都要集體除垢。因為，這個過錯不會只是一個人的問題，也無法靠處罰一個人就被矯正，所有成員必須共同檢視整個社會如何造成錯誤，共同去除造成錯誤的因素。當我們意識到每一個個體其實和其他個體之間福禍相倚時，我和你，甚至是我們和你們之間是否還是如此一刀二分？只將土地視為權利的對象，而未看到土地和人互為主體的意義，又是否可以創造真正的福祉？這些固然是基於原住民族文化中之人地哲學所引發的提問，但我相信在許多文化受到現代化秩序之宰制前，皆存在比所有權絕對更高明的思維。因此，認識原住民族文化，向原住民族經驗學習，是在招喚非原住民之文化中更深層的人地關係經驗與反思，而我也相信這將會是豪人兄這本書終極的貢獻。

本文作者為政大民族學系副教授，泰雅族

推薦序

「高貴野蠻人」的復返？

林益仁

《「野蠻」的復權》一書，讀起來猶如《新新聞》週刊「白目豆沙包」專欄的學術加長版，兩者的同一作者豪人兄快人快語、筆鋒犀利，夾議夾敘自由出入於臺日法學發展傳統與複雜的土地權政治議題之間，且字句一針見血，直白的程度讓人毫無學術文章慣有的枯燥與冗長之感。我幾乎是一口氣看完，掩書（其實還是草稿）之際，尚且覺得書中的威風凜凜與殺氣騰騰持續擴散在空氣之中，實在不愧書名所直稱的「野蠻」。

「野蠻」，是本書的關鍵字；「復權」，則是相關的倡議行動。然而，「野蠻」究竟有什麼好論述的呢？難道是要提醒我們，幾年前魏德聖導演的《賽德克．巴萊》電影中的那句經典臺詞：「如果你的文明是要讓我卑躬屈膝，那我要讓你看見野蠻的驕傲！」事實上不只如此，這本書倒是讓我想起，更早以前的法國哲人盧梭在他的《德性墮落與不平等的起源》一書中，關於野蠻（原始）人的幾段話，他說：

> 沒有什麼比處於自然狀態中的**原始人**再溫和的，因為他處在一個自然狀態之中，所以他與**粗獷的蒙昧**以及**文明人的致命啟蒙**保持相等距離。同時，也因為他在本能與理性上的節制而只防範威脅他的惡。他也因為自然憐憫心而不對他人行惡，即使他本人遭受他人的惡侵犯，也不會那樣做。因為正如智者洛克的公理所言：「沒有財產的地方，就是沒有傷害的地方。」（粗體是本文作者自加的重點）

盧梭之言，實則回應本書的「野蠻」（或稱原始）概念探索以及涉及財產權（特別是土地做為財產）起源爭論的法哲學要旨。過去世人對於盧梭的誤解，將他的論述簡化為浪漫的「高貴野蠻人」的說法，其實對他是不公平的。更值得注意的是，他提到的「自然狀態」直接相關於我們對於人與自然互動關係的當代生態論述核心。亦即，近年來臺灣原民學術界熱烈討論的「傳統生態知識」（traditional ecological knowledge）的文化內涵與建構過程。但盧梭在這段話之後隨即警告，初期社會建立的人際關係已經跟以上所述的原初狀態有所不同，主要是道德的出現。道德，讓侵犯所帶來的處罰甚至令人生畏的報復行為變得合理且頻繁，盧梭認為這種在法律之前出現的道德規範，是促使初期社會相對幸福且穩定的重要因素。相當程度上，他認為這種在「野性文化」（culture from wilderness）中發展出來的社會規範，正是野蠻人的「法律」，反諷的是這種被現代文明貶低為落伍且排斥的規範卻是人類社會生存的重要關鍵，所以他繼續說：

> 人們若是為了**共同利益**，就不會因為幾個致命的偶發因素，而會想去離開這個狀態。我們可以在原始人的例子裡，找到幾乎所有證明這時期確實為最適合人類**永遠維持**的狀態，並認定它就是世界的真正青春，以及所有其後的進步……

其實依盧梭之見，他所嚮往的初期社會並非沒有財產觀念的社會，而是迥異且更早於當代文明強調私有財產的「共有財」（common property）觀念。雖然，盧梭早在十八世紀就已指出，但這卻花了在二十一世紀初獲得諾貝爾經濟學獎的第一位女性得主的伊莉諾·歐斯壯（Elinor Ostrom）教授一輩子的青春，且這是她在全世界跟她的徒子徒孫辛苦找證據得來的成果。

其實，我繞了一大圈子，更回到三百多年前的哲思，無非是為豪人兄書中所論的「野蠻」，標舉其用心之深意所在。如果盧梭的觀點是對的，或是之後歐斯壯的諾貝爾桂冠是值得讚賞與尊敬的，那麼本書所指陳的「野蠻」內涵應是值得探究的深度修養與文化，反而崇尚「私有財」觀念的當代文明才是真正的「野蠻」與粗暴。

豪人兄這本書是法學的著作，我不是法律學者，本應無從置喙，但有意思的是從個人過去二、三十年間所參與原民社會運動與生態行動的經驗中，在閱讀中卻可發現不少產生共鳴之處，而在「野蠻人」所處的文化與慣習論述中更屢屢可嗅出與在地環境生態連結的氣味，這或許是在推薦序中我可以說上兩句的主要理由。從這些角度來看，本書有幾個相當引人入勝的特點：

第一、臺日案例與經驗的針砭與互補：本書大量取材於日本經驗，有別於過去學界向印象中「進步的」加、紐、澳取經的傾向。一方面，作者描述臺灣與日本有時是在一種殖民地與殖民主的關係下進行土地權利的相關敘事與批判，例如描述臺灣的原住民是如何在現代化的日本帝國市民法眼光下以及歷史過程中失去土地的過程。但在另一方面，作者又以日本的阿依努民族的扎實文化權爭取策略來對比臺灣的《原住民族基本法》的所謂「進步」做法，凸顯臺灣立法在土地權議題上傾向於形式化、空洞化、戲仿化與去實務化，強烈的批判與所謂他山之石可以攻錯的效果在此表露無遺，縱然臺日之間有著複雜的殖民與被殖民的關係存在。

第二、釋義阿依努族「二風谷訴訟判決」所展現文化權論述的重要性：文化即生活，與其在修飾性的（decorative）「轉型正義」與所謂「進步政治」等封閉自嗨政治術語中打轉，不如轉進原民生活領域的實際抗爭，豪人兄認真闡釋日本「二風谷」案例讓我不禁想到親身參與的原民狩獵、馬告共管爭議、櫸木事件、莫拉克原鄉遷村抗爭等社會文化運動的經驗。確實，如作者所示阿伊努族人的努力，要如何將這些大小不一、情況各異的抗爭個案透過形成草根性的在地行動聯盟與論述，並且試著切入全球性的生態、文化與世界遺產運動如何在原民地區的對話、反省與論述結盟，都是當務之急。

第三、從「轉型正義」到「轉型不義」的義憤與批判：簡言之，「轉型不義」是在「轉型正義」的進步政治口號無法落實成為有效的政策施為所產生的負面後果。眾所皆知，社會的不正義比比皆是，似乎也不足為奇。但比較可怕的是，扛著「轉型正義」的旗幟，卻虛與委蛇或是軟弱地順應主流政治形勢與資源，以至於改弦易轍徒勞無功，甚至造成「修惡」案例的苦果，二〇一六年官僚針對傳統領域劃設範圍去除私有地的做法便是明顯例證。始終堅持「轉型正義」的弱勢一方，被邊緣化成鬧事者與「孤立團體」，無怪乎作者大嘆我們要關切的「不是孤立團體有多麼危險，而是在提醒我們多數派自甘墮落的危險」。此外，作者針對原住民土地權回歸民法物權篇下位概念的分析與批判亦極為精彩，指出不循正道的理窮則變，但變卻不通的窘境。從「轉型正義」到「轉型不義」的後果，作者散發出的同悲情緒，我覺得是相當有意義的，這種態度不只是要批判變節轉彎者，而是帶著同理的心情尋求各方更大幅度的體諒、對話與團結，是修復式正義的真諦。

以上讀書心得實在說不上評論，正如我之前所述自己並非法學專長，實在難以論述專業文字，但做為參與臺灣原民運動的非原民生態學者，我的信念一直是在原民土地權與人地關係議題上扮演對主流社會喊話、尋求對話、以及促成反省與療癒和解的橋梁，豪人兄這本書勾發出我過去幾十年來的參與情感，它不應該只是一本學術論著，如果能夠做為促成原民權利在多元社會臺灣的對話觸媒，該是多好的一項社會貢獻，對此我衷心預祝。

最後，我要以自己的專業生態人文的角度指出，這本書當然也很適合關心生態的人來閱讀。熟悉生態環保事務的人都知道阿道・李奥波（Aldo Leopold）的《沙郡年紀》（*Sand*

County Almanac）這本被奉為自然保育聖經的書。這本書的關鍵文章「土地倫理」一開頭就提到，希臘史詩中的英雄奧德賽在特洛伊戰爭後重返家園時，用一根繩子絞死家裡十幾位女僕。他可以這樣做的合理性是處置自己的財產，因為那些女子在那個時代被認為是他的財產，而主人可以任意處置。這段描述對比豪人兄在本書中透過日本理蕃誌指出「生蕃視為地上物」是否有類似的遭遇呢？然而，李奧波接著說：

> 倫理規範的擴展到目前為止還只有哲學家研究過，但它實際上是生態進化的一個過程。……從生態的角度看，倫理規範是對生存競爭中的行動自由加以限制。……源於相互依存的個體或群體進行合作的趨勢，生態學家把這種合作稱為「共生現象」，政治和經濟是高級的共生現象，具有倫理內涵的合作機制，部分取代了原先一些自由無序的競爭。

顯然，他並不完全同意如今幾乎已是主流的自由競爭所建立起的私有財產觀念。從而，他發展出具有生命共同體精神的土地倫理概念，且認為這個倫理道德原則具有生態科學的基礎。回到豪人兄在書中所討論的「總有」法學概念以及歐斯壯的「共有財」理論，這些論述都充滿了自然野性（wilderness）的光芒，與本書的「野蠻」討論有很多關聯性，我認為這本書也是一個討論原民土地論述與生態思維結盟的關鍵對話起點，就如發展自澳洲大陸的「大地法理學」（Earth Jurisdiction）深受澳洲原民生態智慧的啟發一般。

作為散播生態知識的學者，我很樂意推薦這本書給喜愛與關心生態保育的人。

本文作者為臺北醫學大學醫學人文研究所副教授

楔子

二〇〇六年，解嚴且民主化已經二十年的臺灣，發生了一件時空錯亂但卻又十分典型的「原住民族轉型不義事件」——烏來高砂義勇隊慰靈碑強制拆除事件。這是個地方政府（臺北縣）首長（周錫瑋縣長），違背憲法第十條（原住民族權利保障）、第十一條（表現自由），以及「嚴格禁止行政機關對人民思想言論進行審查」的行政法大原則，所引發的文字獄。不過，我並不想詳細介紹事件經過[1]，而是要提出兩個匪夷所思可又精妙絕倫的「法匪」見解，以證明轉型不義的狡智，可以將被害人玩弄羞辱到何等地步。

受害的烏來高砂義勇隊紀念協會，在慰靈碑遭到臺北縣以明顯違憲違法的行政處分強制拆除，紀念碑並被非法沒收之後，首先向行政院訴願委員會提出訴願。不料，卻被駁回其訴願，只得提起行政訴訟。然而高等行政法院第一次裁定，又駁回其訴。高等行政法院的理由，如用法律白話文解釋，大致如下：

程序上而言，該公園主管單位為臺北縣風景管理所，拆除之處分也是風管所所為。臺北縣長行文協會應配合風管所命令，自行拆除，否則若遭強制拆除並受損害，本縣不負責云云，事實上只是一種（善意的）「觀念通知」，而不是行政處分。所以協會要告，應該告實際做成處分的風管所而非臺北縣長。但風管所其後已遭裁撤併入觀光局，無被告之適格。所以加害者不存在。從而本院亦無法受理。[2]

筆者忝屬法律學徒，願意再用更白話的比喻說明。

某攤販遭幫派分子恐嚇，如於期限內不繳保護費，便將前來砸攤。翌日，該幫派首領也來找攤販，說：「聽說我的小弟已經來通知你限期繳保護費，否則砸攤。我（非常好心的）告訴你，我那個脾氣暴躁的小弟是玩真的。所以你還是趕緊繳錢吧。」攤販仍然拒繳，果然遭砸攤。攤販一怒告上法院，主張幫派老大（人民團體代表人）恐嚇取財、毀損他人財產等罪，並附帶民事賠償之訴。法院不受理訴訟，卻裁定道：「實際上砸攤的是小弟。但是他已經在黑道火併中死亡了。至於老大並非砸攤的現行犯。如果你覺得他是教唆犯，對不起，請舉證。再者，老大雖然也找你說過話，但那不是恐嚇取財，只是觀念通知，一片好心。所以本案已經找不到加害人，無法受理。」

這個法匪精心之作的「觀念通知說」，其實是被害人對行政院訴願委員會提起訴願的時候，訴願委員會駁回訴願的理由。高等行政法院似乎對此「行政法傑作」甚為傾倒，因而完全引用。[3]

中華民國司法權，在本案審理過程中的傑作，尚不止於如此。本案經律師抗告到最高行政法院，得到發回高院更為裁定的好結果。於是高院終於正式受理，而且由另一組合議庭法官，做出了九九．九%的正義判決。不但確定臺北縣的拆碑行為「確實是行政處分」（不是觀念通知喔），而且還是充滿瑕疵的「違法行政處分」，強烈侵犯人民權益。

既然如此，判決書想必一定同意原告的另一個要求——聲請回復原狀的請求了？呵呵，謬矣。居然是「回復原狀之請求駁回」！[4]〇．一%的問題，究竟出在何處？相信即使再次有請訴願委員會的行政法大師出馬，在未看完判決之前，恐怕也無法想像。

原來在「案發」不久，惶惑無助的烏來族人，迫於「證人」《中國時報》（媒體）、「檢舉人」高金素梅（立法委員）與「公權力行使人」臺北縣長周錫瑋（行政權）的聯手攻擊，曾經寫了一封「公開道歉文」，說自己不知什麼行為觸法，但對於協會造成社會風波深感抱歉，願意配合縣府，協商如何解決云云。高等行政法院竟然就以此道歉信為理由，認為原告與被告，兩造之間已經存有一紙「行政契約」，所以，你們私了吧。延伸上述的比喻，就是：攤子雖然被砸了，但是大哥小弟前來恐嚇之際，攤販也曾惶恐地說：初次來到貴寶地，不知道貴幫規矩，還請原諒。是否可以讓一步說話，大家談談看有什麼解決的辦法。法院便因此認定，砸攤子不對，不過因為攤販曾與黑幫訂有「契約」，所以基於契約自由，有關回復原狀這部分，你們私了吧。

筆者不學，竟然不知道觀念通知與行政契約，居然還可做如此解釋，可知法海無涯，認罪是岸矣。[5]

這兩個法律釋義學的巔峰之作，是中華民國「繼受」日本，日本「繼受」西歐現代市民法體系之後，一百多年的苦心孤詣、囊螢映雪，才總算謅得出來的偉大而壯麗的鬼扯。作用就是欺負人，完全上承了五百年前殖民主義的老祖宗——哥倫布的流氓精神。事實證明，在世界史上，凡使用本法體系的現代國家，只要遇到原住民族，就都變成了流氓，毫無例外。

然而，這一套法律體系，在不同的時空與人群之中，其實也有不但不欺負人，而且還積極保護人權的功能；不但不是耍流氓的殖民法鬼扯，反而是自由民主憲政秩序的基礎。然則原住民族不是人嗎？自由民主憲政，不包括原住民族嗎？

注釋：

1 本案詳細經過請參閱〈從兩起臺灣原住民法庭訴訟事件論人類學知識行動的可能性〉，黃智慧，二〇〇七年臺灣人類學與民族學學會第二十三屆年會暨「人類學與民族學的應用與推廣」學術研討會論文。

2 裁定原文請參閱臺北高等行政法院裁定九十六年度訴字第〇〇九三一號。

3 值得注意的是，訴願當時的行政院長蘇貞昌，正是准許協會重建紀念公園的前臺北縣長，而且才剛剛交卸民進黨黨主席的職位，接受「新夥伴關係」總統陳水扁先生任命的閣揆。但是他卻在事件發生後第一時間，讓他的發言人對媒體表示本案與他無關。更諷刺的是，同一時間的民進黨族群部，卻舉辦了「誰有權匡正我的記憶」座談會，聲討臺北縣，為烏來族人助陣。這種「被害人不知道相信誰」、「看來值得或應該值得相信的政治人物，結果居然都是加害者」的情形，正是轉型不義的特徵之一。

4 判決原文請參閱臺北高等行政法院裁定九十七年度訴更一字第九十八號。

5 本案最終以雙方和解落幕，只可惜烏來高砂義勇隊紀念協會的理事長簡福源老先生，已先一步撒手人寰。

序言

啟蒙主義之後的現代國民國家與政治理念，建構在一個「理性、自律的個人主義」上面。由這群理性自律的個人——也就是有別於傳統臣民（subjects）的市民、公民（citizen, buergertum）在社會契約的前提之下，進行以權利保護為目的的政治活動，而國家則只能是權利保護的工具。反映在市民法上的，就是所有權利能力的主體，都是個人而不是集團。刑法不再能容忍連坐制度，民法裡也不再有什麼「父債子還」。每個成年的公民，都是完全獨立自主的權利主體。

這一套政治理論，就是我們如今的民主憲政自由體制的基礎。雖然現實證明了它並沒有因此為人類帶來「正義」，但我們總覺得，那只是因為我們不夠認真、不夠努力，未能真正體現這套政治理論的精髓，或者未能排除各種障礙。換句話說，我們並未質疑這套理論的許多基本設定是否正確。

但是，啟蒙主義，照我看來，足足晚了兩百年才實現。其實權利保護的思想，在文藝復興的時代就已經完成了。比方洛克的許多見解，都來自一輩子與喀爾文對抗的卡斯特留（Sebastian Castellio）。宗教改革造成了宗教的狂信與專制王權的結合，阻絕了社會契約論與權利保護的實踐。而晚了兩百年，最大的後果是啟蒙與工業革命幾乎同時興起。啟蒙的政治哲學仍舊停留在農業時代，但工業革命卻保障了資本主義的必然發生。所以，當市民法還在用農業社會（希臘、羅馬帝國）的個人主義、自由主義與權利理論的時候，它所亟欲保障的「權利」內容，卻已經被資本主義篡奪了。

市民法理論的核心，是以個人為權利主體的「契約自由、意思自由、所有權絕對」。我所謂的資本主義所篡奪的權利內容，就是「所有權絕對」。絕對的個人（包括法人）的所有權，在工業資本社會中的規模可以多麼龐大，遠非農業社會的市民法理所能想像。保護個人有限的財產，也和保護資本的無限累積完全兩回事。但是市民法為了維持理論的一貫性，就非自圓其說不可。兩百年下來，結果就是，現今所有的市民法——無論是憲法、刑法、民法、行政法——真正保護的法益，其實是財產，也就是資本。

所有國家制定法，都是為了保護財產權的絕對性。我可以舉出無數的例子，甚至現代人權兩公約一切表面上關於「人性尊嚴」的規定，也不例外。然而財產是什麼呢？其實就是包括人力資源在內的地球資源。對於地球資源的理解，必然源自於對地球的理解。啟蒙主義熱切地丈量地球、認識地球，產生了一整套客觀、理性、可以重複驗證的科學哲學，其根柢卻建立在「人與地球的絕對分離」上面。丈量地球、認識地球，為的是有效地據為己有，並將地球資源視為神聖不可侵犯的私有財產，視為可以無限累積的資本。這一點，連馬克思主義也不例外，因此是不分左右的。

就此而言，十九世紀的殖民主義，如今的新自由主義＝全球化資本主義，都是啟蒙精神與成果被篡奪了的結果。所以在資本主義容忍的範圍內，或者對資本主義有利的情形之下，我們會享有一部分的「人權」；然而一旦威脅到資本累積或者個人（法人）的財產權，法律立即遭到懸置，政治力馬上翻臉不認人。馬躍與巴奈們在凱道抗議，覺得受到總統府的冷落。我卻認為，這才是鎮壓與排除的序幕而已。而且連總統府也不知道，它們遲早會鎮壓與排除這些原住民族。因為，總有一天政府將認識到：歸還原住民族的傳統領域（無論是否包括私有土地），並且交付給原住民族按照他們的傳統方式使用土地（人屬於土地，土地不屬於人，因此根本不可能有無限上綱的所有權絕對），是完全違反、甚至侵害市民法／資本主義邏輯的作為。

在這個時候，臺灣政府會遇到史無前例的兩難。它必須在這兩個政治典範中做出選擇。如果是其他「正常國家」，就算是原住民族政策最先進的紐澳美加諸國，最多也只會畫設新的保留地，確保這套反資本政治理念，維持一種動物園或博物館般的規模。但是臺灣就這麼大，光是傳統領域中的「公有土地」，就占據了極大的國土面積。若加上私有土地，那麼變成動物園或博物館的，就是現行體制了。

在這裡，最妙最神奇的一點就是：只有現行體制在臺灣縮小成動物園或博物館規模，改採原住民族對於傳統領域的治理方式與其哲學思維，臺灣才能真正得救。因為現行體制的政治哲學是資本為主體，人類與地球都是客體，所以對地球資源、對人類資源進行毫無止境的開發掠奪，最終等於自殺。而採用原住民族的資源政治哲學，就是把自己視為地球不可分割的一部分，最終等於自救。採用現行體制的政治人物，屬於康德所謂的「政治性道德主義者」——對他們而言，一切的法律都是技術問題，而「現行體制就是最好的體制」；而採用原住民族資源政治哲學的政治人物，則是「有道德的政治家」，對他們而言，一切的法律都是道德問題。還有什麼比自殺，而且裹脅所有人一起自殺更不道德的嗎？

所有的政治哲學、法律哲學都探討正義。正義帶來和平。但我們究竟要的是真正的和平，還是像康德在〈永久和平論〉一開始所嘲諷的，墳場公墓般的「R. I. P.」？

以上的省思，就是我書寫本書的緣起。身為一個戰後依然存續的、「殖民地的法學者」，原罪只是起點，思辯與戰鬥，亦無非過程。我期盼一個偉大天年的到來，但也隨時做好心理準備，目睹、或加入良善物種的滅亡。

是為序。

吳豪人

第一章
臺灣原住民是如何失去土地的？

後進殖民帝國日本統治下的臺灣原住民法律地位

無論日本帝國或中華民國，其使用的現代法律都繼受自西歐，而被迫揚棄唐代以來綿延千餘年的古典中華法系。日本現代第一部民法典的成立，完全是為了廢除不平等條約而制定。因為只有市民（公民）法典的存在，才能保護以個人為權利主體的現代公民社會，也因此才稱得上是現代國家，而非前現代的共同體。[1]就此而言，日文將civil law翻譯成「民法」，令人誤以為乃「牧民之法」——彷彿還有什麼「官法」位列其上——可稱大謬。至於中華民國現代法律，本來就抄襲自日本，目的雖與日本相同，「官上民下」的法律觀的謬誤也相同。因此，日本與中國是否在法律精神上，已經真正「脫亞入歐」，至今仍甚為可疑。儘管如此，中日兩國神入西方法律精神的深度，還是落差頗大。畢竟真正的老帝國，歷史包袱之沉重原非新貴可比。

「本家」歐洲與繼受者對於法律的認識，最大的不同之處在於：前者以為法律乃是「權利」；而後者始終未能超越「法律即強制」、「法律即權力」的傳統中華法系理念。

法律即權利，是西方自希臘城市國家時代以來的傳統法律觀。[2]法的重點在於解決市民（自由人）與市民之間的紛爭，維護市民的權益。因此，能夠享有訴訟權利，並受到市民法保護的，只有雅典市民、羅馬市民，或日後的國民國家如法國的公民等等。因此奴隸及外國人並未享有法律保護的權利。[3]法律既然是一種權利，因此到了啟蒙主義時期，出現了社會契約論也就勢所必然。雖然從霍布斯以來，各種社會契約論未必相同，但基本上仍有下列兩點是一致的：

（一）統治者與被統治者處於恆常的對立關係。所謂「市民（公民）社會（Civil Society）vs. 國家」的黑格爾圖式，可以遠溯自希臘羅馬，一路傳承。只不過「市民」可替換成「自由人」，而「國家」則可代入「王權」、「神權」、「皇權」或「政府」。[4]

（二）權利非天賦，乃鬥爭之結果。因此法律不能只是上對下「制定與服從」的關係。舉例而言，「公法（public law，規範國家與市民之間關係的法律）學」一語的出現，竟然遲至十九世紀中葉。[5]可見歐洲所謂的「法律」主要指的是「市民法」（civil law = private law），公權力無由輕易干涉。這就是如今我們耳熟能詳的私法（民法）自治原則。

無論如何，以上兩點社會契約論的共識，很明顯的都以公民（個人）優先於國家，私（private）權優於公（public）權為立論基礎。所以「私人利益」毋須舉證，直接規定在憲法和法律裡；而「公共利益」這種曖昧不清、常常被君主或獨裁者僭稱、篡奪的東西，才需要舉證、需要法律保留、需要比例原則等等加以限制。

唯一的問題就是：「誰才算是市民／公民」「要如何才能成為市民／公民」？被排除在民法適用範圍之外的，幾乎就不算人了，所以拚死也要「入場」；已經在場內的「人」，則不願分享特權。所以兩千年來的西歐法律史，一言以蔽之，就是一部市民（＝人）的權利鬥爭史。這種「搶著與法律發生關係」的法律史，和中國、日本甚至其他非羅馬法體系的世界各古老文明的「法律＝懲惡勸善＝刑法＝恐懼＝離得愈遠愈好」的法律史，發想上完全南轅北轍。因此，如果不接受「法律＝權利」的基本認識，要「繼受」羅馬法／現代市民法體系，幾乎都只能得其形，不能得其實。

這個指控很嚴重，所以必須進一步解釋。「法律即強制」，是中日兩國幾千年來的法律觀。「法者刑也」，因此中國傳統法體系便以刑法（嚴格地說，更像行政法）為主，目的在於「組織、統御官僚組織」，並教導文官如何「治理人民」，無完整私法（權利）體系。[6]中華民國因襲日文「民法」一辭，卻不知「市民法」乃市民保護個人權利、排除公權力干涉的法律，誤認為「治民」之法，因此仍然自上（政府）頒布（施與），而要求「下民」服從，渾然不知法即權利的真諦。當然，這與中日兩國建立現代國民國家時，均模仿普魯士統一德國的那種少數菁英自上而下「發明」民族國家的歷史息息相關。[7]此外，中日繼受西歐法律之際，正值西歐國民國家的全盛時期，公法學興盛，國家壟斷法律規範機制，在在使得繼受者目不暇給之餘，卻無法理解法律即權利的真髓。況且法律實證主義橫掃歐美之後，「法律＝國家制定法」的觀念固定，艾爾利希（Eugen Ehrlich）所說的「活法」（lebendes Recht）——慣習、傳統規範、學說、判例等廣義的「法」理念[8]，均被排除於法律的範疇之外。這一大段歷史非常複雜，對於非法律人的讀者，只要記住一個重點即可：不僅在西歐，就算在人類歷史裡，國家得以壟斷所有法律，也不過就是十九世紀中葉到二十世紀中葉的短短一百年而已。所以，千萬不要以為「國家壟斷法律」乃天經地義。

臺灣的原住民受到日本殖民之際，其所遭逢的殖民者，便是這種膠柱鼓瑟且畫虎不成的，卻自詡站在「文明制高點」的新興現代國家——日本的法匪們。[9]日本法匪既然不瞭解「法即權利」，當然，也就不會認真對待原住民的自然權——傳統規範。而戰後取代日本法匪統治的中華民國，則連法匪也不如。這便預示了原住民族復權之路，將如何漫長而坎坷了。

原住民「飛禽走獸＝地上物」論的時代

從臺灣總督佐久間左馬太開始「理蕃」，百餘年來臺灣原住民的歷史，就是一部不斷遭受到外來者以暴力排除其權利參與的歷史。這些外來者的暴力，有的非常赤裸裸，有的則非常狡詐閃爍，不容易辨識。日本殖民初期，對於原住民在法律上地位的認定，就屬於前者。

日治時代，對於清朝主權未及處的原住民族——「生蕃」是否為日本臣民，有無法律人格的問題，曾透過所謂「法理」的討論，達成「將生蕃視為地上物」的共識。總督府殖民官僚安井勝次〈生蕃在國法上的地位〉[10]一文可謂箇中代表。

安井認為，在解決「生蕃」是否為日本「臣民」之前，首先須確定他們是否為清國臣民。因為日本領有臺灣，乃國際法上繼承清帝國之主權而來。牡丹社事件清國的卸責之詞：「臺灣山地不屬於清國版圖，難以派兵究辦」，其中所說的「山地」，其實指的是「生蕃居住之地」。而生蕃乃「化外之民」，非清國臣民，其理甚明。此後，清國改弦更張，積極開拓，因此各國均承認清國主權及於臺灣全島。只是清國法令現實上無法行之於「生蕃」耳。日本繼承清國對臺灣全島及其附屬島嶼之主權，則臺島原「清國臣民」，均可依日本法律取得日本臣民之地位。但對於非清國臣民之生蕃，則不知如何處理。因此只有透過「教化」手段，使生蕃「開化」至熟蕃程度之後，再制定特別法賦予其國籍。明治三十八年（一九〇五年）制定戶口調查規則時，仍將生蕃除外，可知此時的生蕃仍非日本臣民。

若非清國臣民，又非日本臣民，則屬於「自然人」之生蕃究竟有無法人格呢？對於不服從日本政令的生蕃，日本人在一籌莫展之際，只好將之視為「飛禽走獸」：

（法）[11]人格除非受法律保護，否則不能享有任何權利。亦即人格須由法律認定，始可享有。故以生蕃為「自然人」之理由視為其具有（法）人格者，可謂不知（法）人格意義之見解。生蕃若有人格，其行動不應超乎法律允許之範圍，亦即須遵守法律。故雖有生物上之自我，但若其行動超越法律允許之範圍，則與飛禽走獸無異。

安井接著引用清治時期清國不視「生蕃」為人類的諸多證據，如：

所異於禽獸者幾希矣（《諸羅縣志》）

此輩雖有人形，全無人理（《東征集》）

鳥語鬼形，殆非人類（《問俗錄》）

如果生蕃不是「人」，沒有法人格，那麼「生蕃棲息」之領域自然屬於國有。這個掠奪原住民傳統土地的「合法」行為，可謂日本繼受西歐法學之後，學以致用的顛峰之作。因此安井更解釋，明治三十三年律令第七號禁止「非蕃人」「以任何名義占有、使用土地做為其他權利之目的」，並非保障生蕃之土地所有權（飛禽走獸如何能擁有所有權？），其目的唯在保障「國有土地」不受侵權耳。

「蕃人」事實上雖占有使用土地，日本殖民地政府也無可如何，但是至少可以否定他們具有法人格，因此這些蕃人再經多少年也無法取得土地之權利。而生蕃既然在國法（即國內法）上「與野獸無異」，那麼要討伐之、剿滅之，亦或教化之，均屬國家之權利。

雖然日本五十年之統治，持續進行剿滅與教化雙管齊下的「理蕃政策」，但從日治初期到末期，「將生蕃視為地上物」始終是日本殖民者看待原住民最重要的指導綱領。[12]相對的，日本人雖大規模進行「蕃族慣習調查研究」，卻始終不曾承認原住民傳統規範的「文明性」，因此原住民不但始終不適用日本法律，而且其傳統法規範也不斷受到破壞。

將原住民定位為無法律可適用（也就是排除其權利參與）的「飛禽走獸」，從最根本處加以否定，不但是日本繼受西歐法學之後，學以致用的顛峰之作，可謂深得哥倫布以來殖民主義的法乳；同時，更是最赤裸裸的暴力行為。妙就妙在這種赤裸裸的暴力，竟然無人進行舉發。日本殖民政府是確信犯[13]，當然不會自我指控；而同為被殖民者的漢人，顯然也不是因為才剛落入棄民處境，無暇仗義執言。事實上漢人對於日本殖民政府「將原住民視為飛禽走獸」根本就是心有戚戚焉。從清治時代起，「將原住民視為飛禽走獸」早就是臺灣漢人的主流論述了。

原住民做為「學術踏腳石」的時代

臺灣總督府曾在明治時期與昭和時期，兩度對原住民進行大規模的人類學調查。雖然本質上都是為了方便推動殖民統治，但此二者性質並不盡相同。

較晚的昭和時期所做的《高砂族調查書》（全六卷），掌握了原住民人口動態的詳細調查，配合國家總動員原則，開始更進一步想要「改造」原住民，使之成為皇民的一部分，因此可謂「將原住民視為地上物」的忠實繼承者。不過較早的明治時期舊慣調查會所完成的《蕃族調查報告書》（全八卷）與《番族慣習調查報告書》（全八卷），卻有不同的目的。

舊慣調查的領導人岡松參太郎的德國恩師柯勒（Josef Kohler），對於《臺灣舊慣制度調查一斑》未曾調查臺灣原住民法制，表示大失所望。柯勒認為，臺灣漢人的法制度，和當時歐洲人已經知曉的「中國法」大同小異，激不起歐洲學界太大的興趣。

對於柯勒的失望，岡松想必非常在意，因此才會有日後的「蕃族」慣習調查事業。

實際上，柯勒關心的，也集中於「未開」的原住民法律。他甚至不曾深究「臺灣漢人的法律」與「中國法」有什麼異同之處。

然而，有趣的也就在此。原本對日本殖民者而言，為了成功推展其殖民政策。當務之急必然是調查研究占絕對多數的漢人法律，而非僅占人口比例二％的原住民法。但柯勒卻著急地只想瞭解原住民法。他這樣直接的反應，固然是他自信對於所謂的「中國法」已有一定的瞭解；可是未嘗不能說，像柯勒這樣的學者，滿足於個人知識上的好奇，遠比落實殖民政策來得重要多了。這才是人種法學，或比較法學的原始精神——可以追溯到雅各・格林（Jacob Grimm）知識重於實用的治學態度。而這樣的態度也影響了岡松，成為他日後出版《臺灣蕃族慣習研究》的直接動機。

原住民的傳統規範，首次受到「學術」的青睞，大概起因於此。日後，臺北帝國大學的人類學者們，或甚至於是法學者（如增田福太郎）雖然也進行大規模的人類學研究，但是不脫上述兩次調查的路線。也就是說，假如不是純學究趣味（dilettantism），就是為了殖民統治。從來沒有任何一個學者，認真思索原住民傳統規範的現代價值，以及應如何保留、保障或改良。[14]人類學本來就與殖民主義是一體的，但在臺灣則居然形成一個學術傳統——哪怕到了如今，恐怕都還有不少「人類學家」把原住民視為「研究的客體」，不曾設身處地，以主體視之，何況戰前了。山路勝彥甚至以馬淵東一為例，指出這群偉大的殖民地人類學家，把他們能自由自在研究臺灣原住民的「快樂」，視為一種無人能管束的「梁山泊」。[15]其將原住民視為自己學術踏腳石的心態，昭然若揭矣。

逆流：中華民國如何看待原住民的傳統法律

「法匪」與「匪」

前文提及日本人是「法匪」，但「法匪」並非全然負面的字彙。筆者願意不厭其煩地再次指出：

法匪行政，簡潔地說，便是公權力做任何事——哪怕是惡事——時都必須依「法」。至於依的法是否惡法，乃次要考量。依法行政依的若是惡法，法曹及官僚們即成「法匪」。因此言及法匪不能只從「匪」的部分做批判，這與納粹掌權下的法曹們，依「法」屠殺猶太人很類似，基本上即屬於漢娜．鄂蘭（Hanna Arendt）所謂的「惡之陳腐平庸性」（banality of evil）。就戰前風靡一時的「惡法亦法、法就是法」的法實證主義觀點而言，法匪也屬於法律「現代性」中重要的一環，因此無可責難。[16]

可是戰後接下日本殖民棒子的中華民國流亡政權，就法史學的意義而言，卻不是「法匪」，而只是匪。因為此一政權甚至可以凍結憲法達三十八年之久，其惡之陳腐平庸性，遠過於日本帝國。本書並無意願詳細檢討國民黨統治下的原住民政策，在此筆者只打算提出幾點補充說明。

中華民國基本上完全繼承日本帝國統治臺灣的負面遺產，也就是繼承異族殖民者否定法律＝權利的統治型態。而且，他們同時也是大清帝國法律所代表的中華法系思想的正牌繼承人——因為將他們驅逐出境的中華人民共和國，至少在當時自詡最進步的馬克思信徒，才不吃那一套。（當然，如今倒是成了中華法系的正統繼承人了。）因此中華民國對於「法即權利」理念更為疏遠，倒不如使用諸葛亮七擒孟獲的手法對付原住民，更為得心應手。雖然中華民國並沒有視原住民為飛禽走獸，反而「賦予」其法律人格，視為臣民，不，「國民」的一分子，可是卻引發了更大的禍害。因為中華民國更積極地把臺灣原住民納入「炎黃子孫」的一部分，所以也更不留情地破壞原住民的民族認同與傳統文化。「傳統規範」云云，則彷彿「地上物」，不足論矣。然而，在加速同化的過程中，中華民國又繼承了日本法匪苦心孤詣謅出來的，對原住民傳統土地掠奪之正當性。

一九四五年之後，國民黨政府——通稱「國府」的另一個外來政權——來到臺灣。此「國府」在現代法上的素養遠遠不及前一個殖民政權，但是對於使用文藻華麗而內涵空洞的修辭，則顯然高明得使日本人亦不得不「避此『府』出一頭地」矣。最典型的國府式修辭，首推「山地同胞」一詞的發明。[17] 從此，臺灣原住民就從「飛禽走獸」升格為「炎黃子孫」，從無法律人格者升格為「中華民國國民」矣。

張松在《臺灣山地行政要論》中說道：「山地同胞在清代以前，稱為『番』……，臺灣光復後改為山地人民，敬稱為山地同胞。」又說：「我國各省處在深山的落後地區同胞，也同樣是中華民族，他是和我們祖宗沒有進化以前的形態一樣。」「山地同胞的祖先係閩浙東渡來臺的越族，而越族亦為今日閩浙蘇廣同胞的祖先，平地山胞係由閩廣後期移住來臺，同為中華民族一分子。」[18]

這一段妙文可說是原住民「炎黃子孫」說的最佳注腳。

「國府」何以如此重視原住民的同胞身分呢？官方說法向來是「基於憲法保護邊疆地區民族之規定」、「基於三民主義之政治理想」。[19]這些濟弱扶傾為名，沙文主義為實的「清詞麗句」，批判者甚夥，如今原不足一哂。說來說去還是蔣介石最坦白：「臺灣和山地同胞要想得到經濟平等、生活自由和文化教育的提高，必須加入反共抗俄的行列中。」[20]「同胞」的代價如此之高，當時的原住民如果能有選擇權，想來不如仍舊「飛禽走獸」也未可知。[21]

「山地同胞／炎黃子孫」說，是國民黨政府精心杜撰的騙局。雖然這個騙局比起日本人的「飛禽走獸」說，明顯地在智性推論上遜色數籌。不過不以知識量而以信口開河取勝，原本就是「國府」治國的特色。重點在於，這種修辭比「飛禽走獸」「溫暖」而且義正辭嚴，更能夠掩飾其行將加諸原住民的各種暴力宰制的行為。只要看一看原住民部落的投票行為至今不變，即可知此種隱性暴力想要得到社會確認，是如何困難了。

「帝力」與「微觀暴力」

日本法社會學家棚瀨孝雄曾指出，權利的構想始於「對暴力的認識」。人種歧視的現場，往往是最明顯的，由暴力所宰制的空間。但是暴力的宰制，更多情形下則是隱晦不顯的，是充滿狡獪修辭學的。因此，指證出「暴力存在」的事實，才是權利產生的第一步。當我們認識到暴力的存在，指證出如此的社會事實，才能同時達成「主張權利／拒絕暴力宰制」的正當性。

暴力的宰制有時候也會以「既存權利」的型態出現，藉以掩飾自身對他者的壓迫。然而一旦遭到指認質疑，就會出現對抗性的新權利。例如資本家長期宣示私人所有權的絕對性，卻被勞工們揭穿其壓榨本性，從而產生一組被稱為「社會權」的，嶄新的權利意識。

當然，比較前衛的權利意識（例如同志的結婚權），能否得到共同體，或者至少是「社會」的共鳴，是該權利得以落實與否的最大關鍵。相反的，由於權利意識的凝聚，是不是會反過來促成共同體的凝聚呢？即使是最樂觀的肯定論者，也不得不承認，這個假設的可能性必須有一個前提：亦即有一個充分被保障的對話／溝通的管道。有對話與溝通，才有可能出現共識與包容，而共識與包容正是共同體內部凝聚所不可或缺的因素。

綜合上述，或者可以說，如果我們想要求得一個以民主、平等、人權為基本價值的現代共同體——或者乾脆說吧，一個現代民主國家——，至少有幾個要件必須符合：認識暴力；否定暴力；進行對等溝通；得到社會共識；回復被排除的他者之權利參與。

在政客亦願意服膺國際人權基準，振臂高呼「人權立國」的今日台灣，形式上「暴力＝排他」與「權利＝參與」的二元對立論述，似乎已經是一個甚具正當性的論述。但是從具體的實踐層面所表現出來的，乏善可陳的成績單上，可知這個論述很顯然的並未被充分理解。這是因為現存於台灣島上的各個族群，在其各自的歷史經驗中，往往同時扮演加害者與被害者的角色，因此習慣於「認識暴力→否定舊暴力（否定來自他人的侵害）→承認新暴力（爭取自己的權利，縱使因此而侵害他人權利益也在所不惜）」的，無益的循環論證。大家均無力跳脫屬於自己的被害意識，因此也就沒有餘力認清自己的暴力行為。吊詭的是，無力徹底認識自己的暴力行為，就無法徹底認識旁人所加諸於己的暴力行為，因此也就無法徹底否定暴力，更遑論溝通與對話，共識與包容。

「飛禽走獸」和「炎黃子孫」，這兩種「帝力」強加於臺灣原住民的殖民論述，固然「各擅勝場」難分軒輊，但是其後所進行的，對於原住民的搶掠剝削則毫無二致。直到一九八〇年代以後由原住民主導的「還我土地運動」興起，才總算從認識暴力、否定暴力，進入到對等溝通之途。至於社會上是否已經對此有共識或包容，並進而開始回復被排除的他者之權利參與呢？這個問題見仁見智，政府機關也許認為已經大有改善，不過，至少筆者是持完全否定的觀點的。理由有二：

一、「暴力＝排他」／「權利＝參與」的論述，仍有一項重大的問題尚未解決——棚瀨孝雄稱之為「微觀暴力」（ミクロな暴力）。儘管我們可以藉由主張權利來否定暴力，但是如果此種暴力已然長久被視為社會的主流價值，那麼即使政策乃至法律已經明文禁止，潛藏在社會中各個幽黯角落的暴力（＝歧視）仍然大有可能伺機反撲，甚至根本就明目張膽地抗拒剛剛獲得這些權利的被賦權者。換句話說，一般而言，「權利的保護＝歧視的防止」固然能透過法律規定來進行，然而經驗告訴我們，歧視／暴力行為往往會遁入私領域（一種法律也必須止步的「聖域」，例如「內心世界」，或「表現自由」，例如「純粹好玩的」使用「臺客」一詞），照樣橫行無忌。[22]

尤有甚者，被歧視者為了要得到法律的救濟，必須對於自己被歧視的事實「負舉證責任」，結果等於受到二次傷害。愈是舉證，愈清楚確認自己是主流社會所欲排斥的「賤民」。許多被歧視者因而寧可轉而接受主流價值，豁出死命假裝自己「不屬於」「賤民」階級，而卻不願爭取自己的權利。在現實世界中，許多原住民拚命漢化，許多臺灣人拚命捲著舌頭學習北京話的「兒」音，亦均出於這種複雜曲折的心情。「微觀暴力」的恐怖，沒有經過一次巨大的價值變革（也就是一次徹底的社會對話），是非常難以清除盡淨的。在臺灣，這種價值變革根本尚未完成。

二、主流社會如果真心打算平反原住民所受的歷史性不正義，必然需要正確計算出其所能或所願承受的社會成本。關於這一點，留待後述。

無論是日本人或「國府」，無論是排除或同化，無論兩個外來政權對於共同體的想像是南轅北轍或系出同源，在原住民政策上的共同點就是絕對不提供「一個充分受到保障的對話／溝通的管道」。易言之，就是完全不顧原住民的意願。而且依照馬克思的說法，「共同體」得以成立的物質基礎正是「土地」（Grundeigentum），因此「共同體」不管擴張或流落到哪裡，最先要占據的就是土地。[23]至於同化或「反共抗俄」，無非權宜之計與附隨利益而已。因此如果要討論臺灣原住民所受到的權利侵害，至深至鉅的便是以土地所有權為主的財產權被掠奪。日本人的掠奪方式已如前述，而「國府」的掠奪方式則除了繼承日本人竊據的原住民土地之外，又增加了一個致命的因素——引進山地保留地的私有制。

關於「國府」如何掠奪臺灣原住民土地，已經有不少傑出的先行研究，做出精密的調查。例如王泰升《臺灣原住民的法律地位》[24]，又例如林佳陵《論關於臺灣原住民土地之統治政策與法令》[25]，在此不必浪費篇幅，重複介紹。簡言之，一九五〇年代以前著重於繼承日本人所掠奪的原住民財產，另一方面則為了「山地同胞／炎黃子孫」的騙局，不能不給予原住民所謂保留地。唯統治保留地的基本方針乃是隔離政策，禁止買賣、抵押、交換或贈與保留地。在一九六〇年代則出現政策大轉換。誠如林佳陵所指出的：

> 一九六六年修正山地保留地管理辦法第三十四條，允許平地人民申請租用、使用保留地。從此大開資本家進入保留地之門，政策漸朝向開發主義，使得日治時期甚少族群問題之生蕃地，轉變成現今族群問題叢生之保留地。[26]

另外一部重要的歷史文獻《山地行政政策之研究與評估報告書》中，卻如此評價山地保留地：

「山地保留地」制度之所以可稱為是光復後政府所推動的一連串「計畫變遷」的政策中，最具關鍵性的工具，在於它不但事先規範了山地經濟的可能動向，而且緩衝了山地經濟的「資本主義化」，著實扮演了一種「控制性資本主義化」的角色。[27]

對於一九六六到一九七〇年保留地政策的改變，該報告則強調有兩個「突破」：

除了前述的賦予山胞土地權之外，第二個突破就是為了開發山地資源，而允許平地人的「公、私營企業組織或個人」得申請租用或使用山地保留地以進行事業性的發展。

山地保留地所有權的授予對促進山地定耕，加強山胞土地私有觀念也更具實際的催化功能……（而）將外來企業實質有形的帶入山地保留地，的確是可以加速山地經濟生產方式的資本主義化。……允許企業的合法入山，實在是為了配合客觀情勢需要而有的。[28]

不久之後，這兩大「突破」所帶來的災難愈來愈明顯了，報告因此接著說道：

> 矛盾與困境的產生，實在是導源於一個事實，那就是山地經濟已經無法脫離和逃避臺灣整個經濟生產方式改變的衝擊和影響。[29]

《山地行政政策之研究與評估報告書》完成於一九八三年，不但集結了中央研究院社會學／民族學研究所的菁英，而且對於原住民語多同情，在戒嚴時期的肅殺氣氛裡，相當難能可貴，同時也是筆者少年時藉以理解原住民的啟蒙「聖經」。然而，上述所引的保留地論證，如今看來，根本是不著邊際的胡扯。原住民為什麼非需要「土地私有觀念」不可？原住民的傳統所有權觀念，乃是類似日爾曼法的總有或合有。而總有論，是在追求於自然發生的小國家中的——即使只是村落規模亦不妨——兼具有規制生產活動的權能的，行政團隊之一體性。在此意涵下，含有迷你公法人的成分。相對的，合有論是在追求工會——或者在一定的時代之前，是家族生產共同體——等的事業主體之一體性。[30]在此意涵下，含有迷你私法人的成分。以上這一段說明，純粹為了那些傲慢偏狹的「法律人」而寫。對於非法律人，只需瞭解：無論是迷你公法人或迷你私法人，重點無非在於掌握自己的命運，而不是被莫名其妙的外來政權所掌握。總之，這份報告的作者身為人類學家，卻對於財產權的本質一無所知，只知崇信私有制，怪不得本報告問世逾三十年，原住民問題始終未獲根本解決。

至於開放外來資本進入山地，更是黨國資本主義的經濟邏輯。兩者都是有預謀的準備徹底摧毀原住民聚落，一方面進行經濟掠奪，一方面打散原住民的自我認同，以遂行其漢化政策而已。

總而言之，「國府」這兩次的掠奪手法，決定了如今原住民權利回復問題的基本調性。例如國有林地究竟是國家的還是原住民的「傳統土地」？流失到漢人手中的保留地有無取回的可能性？而且這些問題又將導致其他問題的發生：向國家索討土地，不但「危及」林務局、退輔會或國家公園的存立，同時根本就「危及」了「中華民國」的存立。這是公法層次；向漢人（平地人）追討土地，則不但要追究國家責任，政黨責任，而且政黨還必須冒著失去漢人選票的風險，甚至還會正面挑戰私人所有權至高無上的資本主義民法思想——尤其是當原住民準備將追討回來的土地所有權性質，回歸中華民國所無的集體所有制的時候，大概一般的法律人都會心驚膽戰地覺得：這簡直是「動搖（資本主義）國本」了。

這就是典型的轉型正義必然面臨的兩難。這種兩難只出現在最赤裸裸的權利競合之中，在此即是財產權的競合。這也是我為什麼主張，原住民權利回復最困難的問題，正在於財產權問題的理由。而且這樣的兩難，也必然將模糊責任的歸屬。因為在原住民的權利長久被置之不理的情形下，所有國民——包括政權輪替後的民進黨，包括取得原住民保留地所有權的漢人（不管是不是善意第三人），包括事不干己但崇信資本主義的人，甚至原住民內部受騙或盜賣祖產的賢愚不肖——全都莫名其妙的，或身不由己的，變成始作俑者的「國府」共犯結構中的一環！而這也意味著：（第四要件）「得到社會共識」幾乎不可能。從而逆推回去，必然會有強大的力量（林務局、退輔會、國家公園、漢人資本家等）出面阻止（第三要件）原住民獲得「進行對等溝通」的機會。而阻止溝通的最佳妙方，正是否認（第二要件）「否定暴力」具有正當性。最後，為了自圓其說，又必然不能不抹殺事實，否定暴力曾經存在。到這個時候，連（第一要件）「認識暴力」都被放棄了。

注釋：

1 加藤雅信等編，《民法百年學說史》（三省堂，一九九九），頁三以下。

2 村上淳一，《「権利のための闘争」を読む》（岩波書店，一九八三）。在闡釋耶林（R. von Jhering）的名著 *Der Kampf ums Recht*（一八七二）時，對於「法即權利」的歐洲法律史有詳盡解說。此外可參考 Knut Wolfgang Noerr 一九八八年在日本桐蔭橫濱大學的集中講義 *Geschichte des Rechtsschutzes in Europa*, 1988（村上淳一譯，《ヨーロッパ法史入門：権利保護の歴史》，東京大学出版会，一九九九）。

3 即使到了十九世紀鄂圖曼土耳其帝國的時代，也對於歐洲列強主張的領事裁判權並不感覺屈辱。因為列強乃外國人，當然沒有資格適用土耳其法律。參閱前注2，同書頁五。

4 參閱船田享二，《法思想史（全訂版）》（勁草書房，一九六八）。

5 參閱西村稔，《知の社会史：近代ドイツの法学と知識社会》（木鐸社，一九八七），頁一一八—一二五。

6 參閱滋賀秀三，《中国家族法の原理》（創文社，一九七五），頁十一。

7 參照吳豪人，《殖民地的法學者：「現代」樂園的漫遊者群像》（臺大出版中心，二〇一七）導論部分。

8 Eugen Ehrlich, *Grundlegung der Soziologie des Rechts*, Duncker & Humblot, 1913.

9 行政需依法，但法為善法或惡法則在所不問者，法匪也。凡否認人民抵抗權的現代國家均為法匪。非西歐型的前現代國家沒有現代法律概念，也就沒有稱為法匪的可能。大多數情形下都只是「匪」。

10 安井原文收錄於《臺灣慣習記事》，第七卷第二號（明治四十年）。不過早在明治三十九年一月臺灣慣習研究會已經進行徵文，主題也是「生蕃在國法上的地位」，但首獎從缺。因此身為評審人的安井才以原題目為文。後均收錄於臺灣總督府警務局《理蕃誌稿》（第一卷，一九一一），並經臺灣省文獻委員會翻譯更名為《日據時代原住民行政志稿》。本文以下所引譯文，即出於中譯本（譯者陳金田，一九九七）第一卷，頁七三二—七四八。唯其中有誤譯之處，則隨手更正。

11 原文「人格」在此當然指的是「法人格」，但譯文仍只譯為「人格」，括號中的「法」字為筆者所加。以下亦同。

12 山路勝彥，〈「梁山泊」の人類学、それとも?:臺北帝国大学土俗人種学研究室〉，《関西学院大学社会学部紀要》八十三号（一九九九），頁八三、八六。

13 確信犯（die Überzeugungsverbrechen）是二戰之後最著名的法學家拉特布魯赫（Gustav Radbruch）所造之詞。本來的意義是指那些基於自己的宗教、道德、政治信念著手犯罪而不悔的人。比方羅賓漢。現代則受到濫用，變得和「故意犯」語意類似。不過此處的日本法匪，倒是兩種解釋都符合，可稱「知道自己其實是壞蛋的自稱羅賓漢」。

14 的確未曾有任何一位原住民研究者，有著如岡松參太郎試圖將臺灣漢人的慣習法現代化，並創設「臺灣民法」的想法。

15 山路勝彥，〈「梁山泊」の人類学、それとも?:臺北帝国大学土俗人種学研究室〉，頁八三。

16 所謂「無可責難」，指的是從橫行於二次世界大戰之前的法律實證主義的觀點而言。關於「法匪」，請見吳豪人，〈「大正民主」與治警事件〉，《輔仁法學》第二十四期（二〇〇三），頁一〇七－一五四。

17 臺灣省行政長官公署編印，《臺灣省行政長官公署施政報告》（一九四六），頁二五。

18 張松，《臺灣山地行政要論》（正中書局，一九五三），頁一－九。

19 例如臺灣省政府「山地施政要點」（一九五一）、「山地行政改進方案」（一九六四），乃至於宋增璋《近代臺灣之建設》（臺灣省文獻委員會，一九八二），頁一，莫不如此。

20 臺灣省政府民政廳《進步中的本省山地》（一九五四，頁一七四）中就明白地說：「山地行政最後目標係使『山地平地化』」，易言之就是「漢化」。

21 蔣介石，〈接見臺灣山地同胞代表致詞〉，《先總統蔣公思想言論總集（第二十三卷）》（中國國民黨黨史會，一九六六）。

22 例如美國最高法院縱使判決黑白分離的學校制度違憲，也無法保證進入白人學校的黑人女孩不受（更隱晦更間接的，因此也是更發自內心的）歧視。著名的黑人民權鬥士派翠西亞・威廉斯（Patricia Williams）女士早就指出，她雖然強烈主張黑人的權利與女性的權利，但是她並不敢期望白人或男性的真心理解，她心知肚明最終只能換來一種「敬而遠之的對待」（deal at arms' length）。Patricia Williams, "Alchemical Notes: Reconstructing Idea from Deconstructed Rights," *Harvard Civil Rights-Civil Liberties Law Review* 22, 1987, pp. 401-433.

23 大塚久雄，《共同体の基礎理論》（岩波書店，一九五五／二〇〇〇復刻版），頁十二。

24 王泰升，《臺灣原住民的法律地位》（行政院國科會專題研究計畫報告書，未出版，一九九七）。

25 林佳陵，《論關於臺灣原住民土地之統治政策與法令》（臺灣大學法律研究所碩士論文，一九九六）。

26 林佳陵前引論文，頁一一五。

27 李亦園主持，《山地行政政策之研究與評估報告書》（臺灣省政府民政廳，一九八三），頁一一二－一一三。

28 同報告，頁一一四－一一五。

29 同報告，頁一〇六。

30 加藤雅信，〈総有論、合有論のミニ法人論的構造〉，《星野英一先生古稀祝賀・日本民法学の形成と課題（上）》（有斐閣，一九九六），頁一九二。

第二章

日本原住民族的復權之路：從文化權切入的訴訟策略

老實說，原本我是希望在今天這場攸關阿依努民族人權的裁判中，使用阿依努語進行意見陳述，好讓日本人知道阿依努民族的存在。可是事前法庭告訴我，這是不被准許的。不得已，我只好使用對我而言是外國話的日語，來表達我的意見。儘管做為一個阿依努人，對於我的民族語言被封鎖憾恨無比。

——萱野茂，二風谷訴訟第一次口頭辯論（一九九三年七月八日）

一九七六年二月，我以訪中團祕書長的身分前往中國訪問，無論到了何處，中日友好協會的祕書長孫化平氏總是陪伴在我身旁。有一次他問我：貝澤先生，阿依努族的朋友們今後打算怎麼辦呢？我立刻說：阿依努族至少應該在北海道獨立！然而孫化平說：貝澤先生，獨立也很好啊。不過，如果你們想獨立，那可是以血洗血的大事喔。這樣子好嗎？當然，我國也不會坐視不理喔。換句話說，他是在暗示我：獨立會引起戰爭。從此之後，我就放棄獨立的打算……。一九九二年二月父親去世，我下定決心，無論要花費多久的時間，我都要以一個擁有日本國籍的日本人、一個阿依努族人的身分，在日本的法律之下，和日本政府持續對話協商。

——二風谷訴訟原告貝澤耕一，「追求民族的復權」

關於如何促進與保障原住民族權利的，許多政策、立法的實務與理論的想像裡，除了援引國際人權法典之外，臺灣基本上是清一色的美加澳紐派，換句話說，純英美法系思考——只准自治，不許獨立。而對於同屬大陸法系，而且對臺灣與中華民國的現代法律繼受影響最大的日本，卻似乎興趣缺缺。一個很重要的理由，是因為日本空有法治大國之名，卻對於該國原住民族——阿依努民族的法律保護，實在乏善可陳。至少就原住民族權利保護而言，不論是法理論或立法／政策實務，臺灣都比日本「先進」得多。

例如，臺灣的某位原住民族菁英就曾為文直指，這十幾年來臺灣原住民族的發展神速，舉凡法律、社會、教育文化乃至部落的重建等等，都日趨成熟與安定。而最大的原因，是因為臺灣的原住民族有憲法的明文保障、有國會議員，以及中央部會級的原住民族事務委員會。[1]這三個保障，日本均付之闕如，因此不少日本學者也甚為贊同這位菁英的自信之說。北海道大學法律系教授常本照樹就曾寫道：「在原住民族政策上，臺灣可說遠比日本來得進步。」[2]

不過，筆者對這種見解，持高度懷疑。在原住民政策上「先進的臺灣／後進的日本」這個命題，縱然不是個偽命題，恐怕也只是個虛相。這就如同舊蘇聯的憲法大概是當時全世界最先進的憲法，但舊蘇聯的國民並未真能享受到全世界最完整的人權保障，是一樣的道理。在現代西方法體系裡，中國的古諺「徒法不足以自行」是不可想像的狀態，但在臺灣卻是一個常態現象。所以才會有《原住民族基本法》通過足足十三年，二十二個子法一個都走不出行政院的「舊蘇聯現象」。[3]就算二〇一八年通過了《原住民族語言發展法》，也只不過是避重就輕，惠而不費。

臺灣的「舊蘇聯現象」源自於行政權獨大的歷史包袱，但歷經兩次政黨輪替之後，行政權的獨大出現更為細膩而且相當「後現代」的變化。這個變化最驚人而有效之處，便在於一種筆者稱之為「轉型不義」的嶄新政治風格。

「轉型不義」之所以難以辨識，原因之一就在於其把一切正義理念、一切救濟管道都形式化、空洞化、戲仿化以及去實務化。「轉型不義」不會被「國際輿論」「國際人權基準」挑釁，因而憤怒失控地辯稱「這是干涉內政」。像中國與北韓等國，還經常使用這一類的辯詞，可見其國內的諸多不義仍然極為「古典」。「轉型不義」正好相反，非常謙遜而且樂意參加各種國際人權組織、簽署各類國際人權公約，發表、使用其知識所及的任何人權修辭。然後再用形式上完全合法的「民意、民主程序之立法、依法行政以及司法背書」四般武器，非常抱歉地告知國際社會，「我們是國民主權的國家，而我們的國民用選票命令政府，說他們並不需要這麼多的權利，這麼多的偉大價值。他們要的是快樂與消費，而我們政府無法違逆人民的要求。」

因此，重要的是做一套說一套，而且唾面自乾面不改色。因為並非政府侵犯人民權利，而是人民要求政府限縮其權利，甚至根本就是人民主動放棄權利。從邏輯上而言，此時政府並未說謊。因為「政府百分之百注重人（民）權（利）」↓人民拒絕／厭倦／恐懼擁有權利↓人民選出合法政府幫他們卸除權利的枷鎖↓負責的政府、人民的公僕當然只好照辦。[4]

因此，原住民政策上「先進的臺灣／後進的日本」這個命題，比較值得討論的，就是所謂「先進／後進」究竟意何所指。如果依照筆者的見解，那麼臺灣原住民政策得以「先進」，是因為臺灣政府把先進的原住民權利保障「形式化、空洞化、戲仿化以及去實務化」——換句話說，就是「敢承諾不敢立法，敢立法不敢實踐」。在這樣的基礎上，進一步大談美加澳紐英美法系的原住民族權利保障，多少也沾染一點喜劇效果。為此，本文決定回歸耶林「為權利而鬥爭」的古老命題，放棄「先進」幻想，檢視「後進國日本」的原住民族，如何使用最古典，最正統的鬥爭方式，從他們那個對於法律尚有敬意的殖民政府手中，緩慢但堅實地奪回權利的過程。這個過程的關鍵字是「文化權」，但是在檢視的過程中，我們會逐漸發現鬥爭主線之所以集中在「文化權」，是因為攻防雙方都暗默地承認「文化」無所不包的特質，而且最終都將回歸到原住民族的傳統習慣與規範的尊重與保障。

實例檢討：日本阿依努族「二風谷訴訟判決」[5]及判決分析

一、訴訟背景

聖地與水壩的取捨——日本北海道平取町二風谷，距離沙流川出海口二十一公里，自古即為阿依努族聚居之地，而且和分散於北海道各地的其他阿依努族聚落（全道總人口二萬四千人左右）相較，此地的族人不但占當地居民的族群比例最高（五百人中的八〇％），文化保存度也最高，文化遺跡無數，因此向來被視為阿依努的文化聖地——當然，也成為文化人類學家田野調查的聖地。然而，這個阿依努人的聖地，最終卻因為國家的水壩建設，被摧毀殆盡。

一九七三年北海道開發局公布了「沙流川綜合開發事業計畫」，打算在平取町興建兩座水壩，其中一座選定建地於二風谷。興建水壩的目的，在提供三十公里外的國家級工業基地——苫小牧東部工業基地的用水。但同年的石油危機，令原定進駐的重化工產業裹足不前，提供工業用水的原始目的自然也就消失。儘管如此，北海道開發局仍決定原地興建得以調節洪水[6]、提供灌溉用水、發電等的「多目的水壩」，開始徵收土地。

平取町居民最初對此計畫均持反對意見，但一九八四年北海道道政府同意支付居民三十六億日圓的「地域振興對策費」之後，居民的態度就軟化了。同時，河川附近的農地所有權人，為了償還轉作水田的鉅額銀行貸款，也紛紛接受土地徵收的補償費用。眼看政府的土地徵收即將成功，但是卻有兩位阿依努族人：貝澤正，以及著名的阿依努文化研究者萱野茂依舊強烈拒絕。一九八七年北海道開發局向北海道徵收委員會申請做成裁定，強制徵收兩人的土地。兩人在委員會的審理過程中出席並表達抗議無效，因此轉向中央政府的建設省要求取消徵收裁定，同樣遭到駁回。在這段期間，貝澤正過世，因此由其子貝澤耕一繼承亡父遺志，與阿依努族第一位成為國會議員的萱野茂，在一九九七年聯手向札幌地方法院提起取消徵收裁定之訴。而水壩工程，則毫不受到影響地日夜趕工。[7]

原告們提起訴訟的理由十分明快：水壩建設將阿依努族聖地[8]沉入水裡，破壞該族文化，對阿依努文化影響甚巨。然而本訴訟更深層的理由，乃在於藉此訴訟，控訴日本政府百餘年來對於阿依努族人的殖民壓迫。特別是本案中的訴訟標的——被強制徵收的土地，乃是依據《北海道舊土人保護法》所給予阿依努人的保留地。而這個「保護法」，對於飽嚐大和民族壓迫的阿依努人而言，正是「萬惡的根源」。

《北海道舊土人保護法》——北海道是現代國民國家日本第一個殖民地，比滅琉球王國（一八七九）或得到臺灣（一八九五）都早。一八六九年，明治政府占領素來不屬日本主權管轄的「蝦夷地」，改名「北海道」，並設置開拓使。阿依努人也從此走上了充滿苦難的、漫長的被殖民之路。

當時的明治政府以開拓北海道為國策，認為阿依努族是開發大業的障礙，因此陸續立法，以圖奪走阿依努人的所有生活手段。明治時代日本人對阿依努族的迫害性法律，包括：《地所規則》（一八七三）＝利用阿依努人缺乏現代法的所有權觀念，允許日本人新移民（以下略稱「和人」）「合法」奪取其傳統土地；《北海道地劵發行條例》（一八七七）＝以「保護」之名將阿依努族人的居住地編入「官有地」，其餘傳統土地則分配給和人；《北海道鹿獵規則》（一八七七）＝全面禁止狩獵；《鮭鱒規則》（一八七四）＝禁止捕獲阿依努人的傳統主食：鮭魚和鱒魚；《山林假規則》＝禁止採伐燃料及建築用的林木，以及政府行政命令（一八八一）禁止使用阿依努語（該族無文字）等。[9]

以上諸法的目的，除了奪走阿依努人的所有生存手段，使之成為絕對的經濟弱勢之外，也是一種強迫同化政策、一種種族與文化的淨化政策。禁止漁獵就是一個最典型的惡法。漁獵不僅是阿依努人最重要的生存手段，更與其文化密切相關。但日本政府強行禁止，並且偽善地「勸農」，卻放任和人移民的濫捕濫獵（原生種的蝦夷鹿在明治中葉幾近絕種）；而在一八八〇年代的大饑荒裡，阿依努人在山裡捕鹿即為「盜獵」，在河濱捕魚即為「盜漁」，伐木以求薪柴或衣服原料則為「盜伐」，無不受到嚴格處罰。[10]

但是，侵犯阿依努人權益最為深遠的惡法，仍非《北海道舊土人保護法》（一八九九）莫屬。

本法條文共計十一條，均為典型的殖民地惡法，最大的特色就是強制同化。除了設立小學，實施強制同化教育之外，為了將漁獵民族阿依努人改造為農耕民族，本法規定只有願意從事農耕者才給予土地（第一條）。而且給予的土地並無完全的所有權，須以政府的管理為前提[11]，而且獲得土地十五年後政府將進行檢查其開墾是否「成功」，只要尚有未開墾土地，即予以沒收（第三條）。不但如此，相對於和人每一人所分配得到的土地十萬坪，阿依努人則是每一「戶」僅一萬五千坪。依據本法的實施結果，阿依努人最終只得到北海道全域的〇．〇一％的土地（約二七五〇萬坪），而且如果扣除未通過「成功檢查」而被沒收的土地（約五九〇萬坪），這個數字還會更低。更別提阿依努人被「給予」的土地，均屬貧瘠不適合農耕之地了。一言以蔽之，所謂「給予地」（保留地）制度，就是「先全部掠奪，再酌量給予」的殖民制度。[12]

二風谷即為給予地。貝澤耕一與萱野茂兩位原告拒絕被國家強制徵收的土地，也是給予地。而且，更驚人的是，直到一九九七年三月二十七日，本訴訟第一審判決（因為兩造均不上訴，所以也是確定判決）出爐的那一天，《北海道舊土人保護法》仍然是有效的法律，並未被廢止。

二、訴訟概略

訴訟經過與訴訟爭點——萱野茂等拒絕被徵收土地之後，北海道開發局長於一九八五年四月二十五日向建設大臣申請建設認定。[13] 一九八六年十二月十六日，建設大臣同意認定，並要求北海道徵收委員會做出權利取得與交付裁定（＝徵收裁定）成功（一九九〇年二月三日）。

原告於同年三月四日要求建設大臣依土地徵收法第一二九條，對該裁定進行審查，但遭駁回（一九九三年四月二十六日）。

由此，一九九三年五月二十六日原告提出行政訴訟，要求撤銷徵收裁定。因為被告徵收委員會無當事人能力，因此建設大臣，亦即國家，在訴訟途中成為實質被告。

本案的訴訟爭點大致如下：

A、建設大臣所為之事業認定乃違法認定，其違法性是否為徵收委員會之徵收裁定所繼承？

B、被告所主張的「公共利益」的內容為何？

C、因土地徵收而喪失的阿依努族民族利益內容為何？

D、憲法第十三條[14]「對個人之尊重」是否包括少數民族的文化享有權尊重的法源？

E、《公民與政治權利國際公約》（B公約）第二十七條[15]是否得以成為民族權利

F、何為原住民族（先住民族）？阿依努族的原住民族性與前述民族利益有何關聯？

法院判決——一九九七年三月二十七日，札幌地方法院（審判長一宮和夫）對本案做出判決。這個判決，有認為「劃時代」者，也有認為「為德不卒，妥協產物」者，意見紛歧。觀其判決主文，大概就可以思過半矣。主文如是說：「原告的請求駁回（為德不卒，妥協產物）。但被告所為之徵收裁定為違法（劃時代）。」

至於判決理由，簡單整理如下：

A、本案中，建設大臣的事業認定與委員會的徵收裁定兩個行政處分相結合之後，方具有取得土地之法律效果。故先行處分違法時，其違法性當然為後行處分所繼承。

B、根據土地徵收法第二十條第三項的要件「事業計畫需符合適切且合理使用土地」，因此在做出行政處分之前，行政主管機關應該先就原告所主張的民族利益與被告所主張的公共利益進行比較衡量。

C、法院承認本案中被告所主張之公共利益（洪水調節、維持正常水流、灌溉用水、工業用水、發電）。

D、法院也承認，本案中原告所主張之民族利益＝阿依努族的文化享有權，為B公約第二十七條及憲法第十三條所保護之國民的生存權、自由權與追求幸福的權利。若要加以限制，僅能以「必要而且最低限度」限制之。

E、當B公約第二十七條所謂的少數民族為原住民族，則其民族之文化享有權應受到更大的保障。

F、阿依努族確實是原住民族。

G、國家進行對原住／少數民族的阿依努族文化權有重大影響的事業時，首先必須反省過去日本國如何迫使阿依努族文化衰退的歷史，並盡其可能地多方考慮。以此而言，本案中政府明顯怠忽、輕視事業認定之際原本最重要、最應進行的諸利益之比較衡量，不負責任地做出「水壩的公共利益優於阿依努族的文化利益」的判斷，從而其行政處分乃超越了其裁量權權限而成為違法的行政處分。

H、因此以違法的事業認定為基礎所為之本案徵收裁定亦屬違法。

I、然而，本案判決之前的一九九六年，水庫已經完成並開始使用（聖地已遭淹沒）。事已至此，若撤銷徵收裁定，將對於公共利益造成重大傷害，不符公共福祉。故本案徵收裁定雖然違法，但依《行政事件訴訟法》第三十一條第一項[16]，判決本案徵收裁定違法，同時駁回原告請求。

J、原告被告雙方均同意不上訴，本案確定。

二風谷判決分析及檢討

一、二風谷判決的日本國內法與國際法上的意義

承認阿依努族為原住民族——本判決由於是日本史上首次承認阿依努族為「原住民」（日文稱為「先住民」）之判決，純就此點而言，也許可以稱得上是日本司法史上的劃時代判決。在此判決之前，無論是司法判例，或者是日本政府的傳統見解，均傾向承認阿依努族為少數民族，但不承認其為原住民族。[17] 而日本前總理中曾根康弘於一九八六年九月國會中的「日本單一民族論」發言[18]，更是箇中代表。依照中曾根的見解，則阿依努族不但不是原住民族，甚至也不是少數民族。事實上，建設大臣基於土地徵收法，要求北海道徵收委員會對本案訴訟標的物的土地裁定強制徵收，正好就在中曾根發言的翌年。由此可見，當時的日本政府甚至比司法官還要保守且無知。而且直到進入訴訟之後，日本政府對本案的立場，仍然是：

> 何謂原住民族？概念不明確；況且是否承認阿依努族為原住民族，與本案無關，沒有回答的必要。[19]

相對的，札幌地院在判決書的理由部分，則接受了原告證人相內俊一（北海道教育大學岩見澤分校教授）所敘述的「原住民族」的定義，並承認該定義符合國際原住民族定義：

所謂原住民族，乃是在現代國家統治之前，在當地已存在有與國家主流多數民族相異的文化與認同之少數民族，且其後雖受多數民族統治，仍未失去其具有歷史連續性的獨特的文化與認同之社會集團。

許多日本學者均指出，很明顯的，相內俊一的原住民族性定義，來自於聯合國經濟社會理事會人權小委員會委託柯柏（José Martínez Cobo）所做的特別報告（E/CN4/Sub.2/1986/7/Add.4）裡面的定義（working definition），亦即所謂原住民族需具備的幾個特性：原住（先住）、歷史連續、文化獨特、被支配，以及自我認同。[20]在確認證人相內俊一之原住民族定義與國際定義相同之後，另兩位證人大塚和義（國立民俗學博物館教授）與田端宏（北海道教育大學岩見澤分校教授）分別從文化人類學以及歷史學角度，證明阿依努族完全符合此一原住民族定義。因此法院認定：

阿依努族在我國統治之前早已居住在北海道，並形成其獨特的文化，具有其民族認同。即便在我國統治之後，雖然因為多數民族（和人）的政策等使得經濟上、社會上受到嚴重打擊，但仍然是一個未曾喪失其文化與認同的民族。

札幌地院承認阿依努族具備聯合國所定義的原住民族資格，重點在於導引出阿依努族的文化（享有）權（分別由B公約第二十七條與日本憲法第十三條所保障），在本案中如何與政府主張的公共利益發生競合。如此一來，進行兩者的比較衡量方有可能。至於「先行處分的違法性是否由後行處分所繼承」之類純粹的法律技術性爭點，反而成為枝微末節。換句話說，這時候裁判的重點已經從國家強制徵收國民土地的一般性案件，變成殖民者強制徵收被殖民者土地的轉型正義案件了。

我們可以從判決書中挑選出一些關鍵段落，看看札幌地院如何代表百年來的日本司法，運用他們所熟悉的國內法與陌生的國際法，為阿依努族進行一次三段論法的「仗義執言」：

不屬於多數構成員的少數民族文化，其本質在於不與多數民族同化而維持其民族性。而享有民族固有文化的權利，亦為人格的生存所必要之重要權利。依憲法第十三條，屬於少數民族的阿依努民族享有其固有文化之權利，應受保障……（憲法第十三條的目的在於）表明個人主義、民主主義之原理。亦即在國家與個人的關係中，以個人為終極價值；國家於其國政態度上，承認做為構成員的國民每個人的人格價值[21]……

阿依努民族為保有其文化獨特性之民族，依據B公約第二十七條，其文化享有權受到保護；而我國亦應依據憲法第九十八條第二項之規定，負有誠實遵守義務[22]……

對於國家進行重大工程時，忽略調查阿依努文化的批判——札幌地院的判決書中，同時批判了國家在進行重大工程時，忽略／輕視事前調查該工程將對阿依努文化的影響。雖然本案中，國家確實曾依照《文化財保護法》進行挖掘調查，但即使調查結果發現了該地存在第一級文化財（CHASHI〔阿依努族的傳統交易所／堡壘〕、CHINOMISHIRI〔我們祈禱的場所〕等），竟仍然放任其被破壞。身為被告的國家則抗辯：原告應明示將受影響的文化地點，國家自然會迴避或考慮。但法院則直接予以棒喝：

文化為一總體概念，國家要求原告點狀標示，正足以證明國家對於文化一無所知，也毫不尊重。易言之，國家並未從迫害他人的歷史之中得到教訓……

屬於他民族的人們（此處指和人），在嘵嘵自辯之前，應該先謙遜地（對阿依努文化）表達敬意……

本案中，被徵收地附近，對於阿依努族而言明顯具有環境、民族、文化、歷史與宗教性的重要價值，（而這些價值讓政府）能夠得到機會接觸到原住少數民族的原住地域之文化，對於民族多樣性之理解以及多樣化價值觀之形成大有裨益……就算對於不屬於阿依努族的其他國民而言，同樣具有重要的價值……

若說為了公共利益，這些價值必須讓步，當然有可能。但是在要求對方讓步之前，應先深切反省前記同化政策所導致的，令阿依努文化衰退的歷史教訓，並做出最大程度的考量……

更何況，二風谷是「給予地」，而給予地制度正是造成阿依努族衰頹的主因。日本政府不但全無反省，連「給予」不到一百年的土地，也要徵收，實乃多數民族所為之輕率且恣意之政策，何得謂之為合法耶……（總而言之）為了判斷本案工程所能得到的利益與所將失去的利益，本應該進行的調查研究，建設大臣卻完全怠於進行，不當地輕忽原本最應該受到重視的諸要素與諸價值，從而理應無法對此做出判斷，然建設大臣卻毫無理由地確信前者的利益優於後者的利益，且在毫不講求如何減少工程對阿依努文化影響的情況下，認可該工程案之進行。此乃逸脫土地徵收法第二十條第三項給予裁量機關裁量權之違法行為，甚屬明確……

二風谷判決在國際法上的意義——在二風谷訴訟之前，日本的法院對於在裁判中援用國際人權法，基本上十分消極。法院經常對以國際人權法為根據的主張視而不見，或者重視日本憲法遠勝於國際人權法，又或是對於某行為是否違反國際人權法的認定經常表現得猶豫不決。[23]

但是在本案判決書中，法官引用國際人權法——主要是B公約第二十七條——以做為判斷的中心依據，亦即證明阿依努族的原住民性，以及隨之而來的文化（享有）權。不論法官是否瞭解「B公約第二十七條所稱的少數民族包含原住民族」的論證過程[24]，他總是素樸地接受了其結論。

二、「二風谷判決」批判與檢討

循著判決理由閱讀至此的任何人，大約都相信國家必敗無疑，原告所要求的正義必獲伸張。但原告主張的撤銷裁定請求，竟因為水壩完工的既成事實而被駁回，而聖地也早在判決前一年（一九九六）隨著水壩的峻工而永沉湖底。換句話說，透過這個訴訟，原告一點實際的救濟都未曾獲得。贏家愁雲慘霧，輸家大放鞭炮慶祝。

由此可見，雖然二風谷判決在日本司法史上具有劃時代的意義，但在回復阿依努人權利的轉型正義之上，卻仍然顯得保守而空洞。之所以如此，仍需回到判決，尋找其誤謬與不足之處。

第一個最明顯的問題和當事人是否原住民族無直接關係，純粹出在日本行政訴訟法本身：遷就現實，不敢撤銷被法院認定違法的行政處分。在本案中，札幌地院所引用的《行政事件訴訟法》第三十一條第一項，就是一個長年來為學者詬病的庸法。[25]政府機關任何徵收處分就算違法，但只要造成既成事實，便能夠以「撤銷處分將不利公共利益」之名逃避責任，而司法機關也淪為行政的追認機關。[26]坦白說，這條法律的存在，讓原告及其委任律師早就做好敗訴準備。只不過他們預期法院駁回的理由，是水壩既已完工，原告所提之訴便「無訴訟利益」。[27]

第二個問題，乃是法院為何承認水壩具有「公共性／公共利益」？根據被告的說法，水壩工程兼具「洪水調節、維持正常水流、灌溉用水、工業用水、發電」等多項重大利益，法院幾乎照單全收。如果法院根本就不承認水壩的公益性，那麼連利益的比較衡量都可以省略了，豈不乾脆？二風谷水壩的公益性，當時許多學者與律師均高度質疑。例如原判決也承認，根據過去經驗，水壩對於防止洪水沒有效果，但又承認水壩可以「減輕」被害程度。如果水壩的這麼丁點的公益性都能被承認，還有什麼訴訟價值？此外，就算有公益性吧，原告律師房川反論道：

> 水壩非建在阿依努文化的心臟地帶不可的合理性、必要性在哪裡？實際上，當初政府也曾經考慮可否在上游或下游興建。但最後定案於二風谷，只有一個原因：純經濟考量。在這裡蓋水泥使用量最少，最省錢。[28]

事實勝於雄辯，當初政府預計二風谷水壩在興建完成一百年之後，會淤積五百五十萬立方公尺的泥沙；然而完工不過十年（二〇〇七年），已經淤積了一千二百六十八萬立方公尺的泥沙（若照當初的計算，原本應該花費二百三十年）。[29]二〇〇七年的一場大洪水，更加速縮短水壩的壽命（而過去沒有水壩的時代，二風谷從來不曾遭遇洪水）。現在政府已經打算在平取町另行興建一座新水壩了。[30]

第三個問題是，B公約中的人權清單能夠成為國內法中利益比較衡量的對象嗎？在日本國內，將人權與公共利益做比較衡量是司法通例。的確，B公約的人權清單中，例如表現的自由（第十九條）、集會的權利（第二十一條）、結社的自由（第二十二條），條文裡明示有限制的可能，但此限制也必須法律保留。然而，這種稱為「彌補性收入條款」（clawback provisions）裡，絕對不包括類似少數民族權利之類的人權[31]，因此怎麼可以透過行政或司法的比較衡量而受到限制呢？[32]

在本案中，法院判決認為國家在比較衡量「水壩所得利益優於所失利益」的認定上，沒有將阿依努人文化的損失考量進去，所以違反《土地徵收法》第二十條第三項而違法，從而強制徵收裁定亦繼承其違法性而違法。這在日本國內法判例中算是破天荒的創舉，值得喝采；可是在國際法學者的眼中，這個創舉仍然是荒謬的。因為從國際法觀點而言，「不得引用本國國內法以做為條約不履行的正當化根據」[33]，所以札幌地院把《土地徵收法》第二十條第三項（甚至憲法第十三條）視為得以正當化比較衡量（因此得以限制國際人權）的根據，是違反國際法。再加上最終法院仍以經濟考量，認為撤銷徵收裁定不符合公共福祉而駁回原告請求，可見日本的司法見解，在他們自己也尚未察覺的情況之下，已經和B公約第二十七條直接對槓上了。說到底，這就是日本國內的司法機關要不要承認B公約第二十七條是國際強行法的問題了。[34]

從二風谷訴訟、《阿依努文化振興法》到《聯合國原住民族權利宣言》

一、阿依努族權利之實現？試評《阿依努文化振興法》

從裁判到立法——本判決翌日，日本內閣總理橋本龍太郎終於鬆口道：「阿依努族先住於北海道乃是歷史事實。」一九九七年五月八日，日本國會廢止《北海道舊土人保護法》，另訂《阿依努文化振興法》，承認阿依努族為「民族」，但卻仍未明記其為「原住民族」。

這個戲劇性的轉變，說明了二風谷判決雖然仍存在許多缺點，但的確大大影響了日本政府的態度。換句話說，縱使是既成事實判決，長遠看來也有其策略性意義。衡諸英美法系諸國的案例，裁判往往成為原住民權利立法的契機。同時，也經常利用裁判的進行，對於有害原住民權利的各種「國家重大建設」以簡易判決做出假處分命令停工。這種停止命令往往讓國家承受極大的（經濟）壓力，而不得不與原住民妥協，甚至主動立法。

在日本，因為行政及司法機關故意忽視或不諳國際法原則的現況之下，原住民族權利的正當性來源，往往來自所謂的「道義性的說服力」，以吸引更多國民的同情與支持。因此常本照樹說：

> 裁判應該，或能夠負起的任務……就是扮演一個能夠引起多數人共鳴的「論壇」角色。[35]

如果從時間順序著眼，則二風谷判決文似乎並未直接影響兩個月之後國會通過的《阿依努文化振興法》的內容。這是因為新法的立法背景可以上溯到一九八四年，而且經過北海道知事與阿依努人團體的對話、經過內閣的長期審議、經過社會黨村山政權的強烈催生、經過內閣官房長官召開的專家學者會議（「有識之士懇談會」），最後才提交國會審查通過。但若就做為「論壇」功能的，長達四年的法庭鬥爭，以及對日本社會所發揮的「道義性的說服力」，本訴訟怎麼可能對於新法沒有影響？實際上當法案提交國會審查之際，官房長官還猶抱琵琶半遮面的解釋：之所以未曾在法案中確認阿依努族為先（原）住民族，只承認其為一民族，是因為「先住性的記載，在法制上有技術性的困難」。結果一週之後，札幌地院「確認阿依努族先住性」的判決就下來了。

值得一提的是，二風谷訴訟原告之一的萱野茂，當時已出任參議院議員，內閣為了向他致意，決定將法案先交給參議院內閣委員會審查。審查結果，除一致通過該法案，並用「附帶決議」的方式，表明「阿依努人的先住性，乃是歷史事實」。眾議院也完全仿照整個過程，法案通過。[36]

從新法的制訂過程與二風谷訴訟之間的辯證關係，我們可以看到一個很有趣——也很狡詐的政府回應模式。從地方到國會，十三年的漫長審議仍然無法令日本政府鬆口，承認阿依努人是先（原）住民！二風谷判決，雖然逼使國會突然之間就「克服法制上的技術困難」，承認阿依努人的「先住性」，但國會卻使用另一個立法技術來迴避承認之後的責任——承認是承認，只不過是用附帶決議來承認，而附帶決議雖然理論上對行政機關有拘束力，卻沒有法律的拘束力。怪不得橋本龍太郎總理願意親口說出：「阿依努族先住於北海道乃是歷史事實。」[37]

新法的問題所在──「和人」政府畢竟不是那麼簡單就被「道義性的說服力」說服的。如果檢討新法內容，更可以有助於我們瞭解：二風谷訴訟，只是整個阿依努族法庭鬥爭的開端，而不是終局。

相較於殖民地惡法《北海道舊土人保護法》，新的《阿依努文化振興法》（以下簡稱「新法」）當然進步得多。至少有以下三點進步：比起充滿屈辱性的「舊土人」一辭，新法是日本有史以來第一次以正面意義的「阿依努」為名的法律。其次，新法第一條，也是日本有史以來第一次，在法律中宣示「尊重阿依努文化」，而且還將擴及於其他多元文化。最後，新法明記：振興阿依努文化為國家責任，而不只是地方政府的責任。

相對的，新法只承諾振興阿依努族的「文化」，對於阿依努族的土地／資源權利、政治／經濟／社會權利、教育權利等等絲毫不提。[38]如果和一九八四年阿依努族人所提出的《阿依努民族法》草案的內容相較，更可看出新法的避重就輕。《阿依努民族法》草案就如同我國的《原住民族基本法》，是一個意圖完全回復阿依努民族權利的草案。因此在草案前文，就開宗明義地要求：

本法之立法目的，在於要求承認日本國中存在著具固有文化的阿依努民族，並應在日本國憲法之下，尊重其民族自尊、保障其民族權利。

接著，在長篇大論地檢討殖民歷史，以為立法理由根據之後，明確要求阿依努人的法律權利應包括：基本人權、參政權、教育／文化權、農業林業漁業工商業等經濟權。然而，新法僅僅回應了其中文化權的部分而已。即便如此吧，那麼新法的效果究竟如何呢？

在《平成十八年（二〇〇七）北海道阿依努生活實態調查報告書》中可以發現，從一九九七年到二〇〇七年的十年之間，新法的實施在某些方面的確發揮了一定的效果。例如其中一個問卷題目：「新法實施十年來，您的周圍發生了什麼變化」，回答「對於阿依努民族的理解提高了／阿依努議題在學校教育中出現的機會增加了／阿依努文化活動變得興盛了／阿依努語言復興了」的族人超過七六％。但是相反的，文化以外，更現實的生活並未得到太多改善。例如貧富差距部分就證明，居住於都會區的阿依努人生活愈窮困；而因為窮困，所以阿伊努人青年的大學入學率，也仍然停留在全國平均比率的三分之一以下。[39]另外一份有意選定在平取町進行的問卷調查也顯示，超過半數的受訪者對於新法的效果持保留態度。[40]

二、《聯合國原住民族權利宣言》與日本《阿依努政策有識者懇談會報告書》

當然，文化權的實現必然將涵蓋其他人權，但缺少法律的明確保障，這些權利終將形同具文。另一方面，這個如此狹隘的新法，必將導致阿依努人在追求其他權利之際，必須重啟法庭鬥爭的手段。而事實上，另一個更重要的訴訟——阿依努共有財產訴訟，也確實被提起了。從二〇〇二年到二〇〇六年，從地方法院一路爭訟到最高法院，而且每戰皆敗。[41]雖然每戰皆敗，但是二風谷訴訟的「論壇」薪火，也因此被延續了下去。

到了二〇〇七年聯合國通過《原住民族權利宣言》之際，雖然行政機關仍然打算負隅頑抗，不願承認阿依努族為原住民族，但是十年來接連不斷的法庭抗爭與「論壇效果」，已經逼使國會必須正視這個普世性的權利要求。

於是，在二〇〇八年六月六日，日本參眾兩院一致通過決議，要求政府必須承認阿依努族為原住民族。而內閣官房長官町村信孝也不得不公開表明：政府決意在認識到阿依努族為一擁有獨自的語言、宗教、文化的原住民族，並以此為基礎，參照聯合國（原住民族）宣言，進一步推動現有的阿依努民族政策，並致力於確立一個綜合性的政策的施行。至此，日本國終於承認阿依努族是一個「原住民族」了。接著，日本政府再度祭出它們最拿手的招式——再次由內閣召集「國內有識之士」[42]舉行「阿依努政策有識者懇談會」，並在七月二十九日提出報告書。[43]依照往例，這個懇談會將決定未來阿依努政策及立法的走向。因此這個報告書的重要性自不在話下。不過日本人是出了名的行事謹慎，縱使是一群對阿依努族長年友善的專家學者，但寫出來的報告還是字句斟酌，遠不如臺灣《原住民族基本法》的「重鹹」。

報告書內容摘要如下：

1. 確認歷史：整理從遠古至今日的阿依努族歷史，並忠實呈現現代日本國家對該族的迫害。
2. 確認阿依努族人的現狀，以及與該族有關的資訊變化。
3. 決定今後的阿依努政策。其中包括：
政策必須以擴大和人「認識該族為原住民族」為出發點；
《聯合國原住民族權利宣言》雖然並非條約，但必須充分尊重，視為國內政策的國際指針；

參考各國案例，並加緊步伐，尋求阿依努族權利的憲法根據；政策基本理念為：尊重阿依努族的民族認同、尊重多元文化與民族的共生、政策施行以中央為主體帶動地方。

最後，再依上述基本精神，全面啟動調查與阿依努人權利提升有關的經濟、文化、政治與社會的基礎建設，等等。

從以上報告書摘要可知，日本政府的構想是「廣泛研究，謹慎立法，其他能做的先做」。看來似乎卑之無甚高論，但其實卻謹守著現代日本百餘年來的法律傳統——立法就得實踐，不願實踐的最好避免立法（與我國似乎正好相反）。

因此，期待日本國會通過一部完整保障阿依努族權利的法律，似乎仍前路遙遙。不過這段時間，正也是民間知識與力量集結、設法改變主流社會固定觀念的時機。從報告書的內容觀之，專家學者以及政府憂心的，似乎也在這一點。過去傾全國之力試圖抹煞阿依努族的存在，現在仍得傾全國之力，讓「和人」們接受阿依努族的存在，接受和人對該族百餘年的迫害歷史，接受為了遂行轉型正義而必須付出的社會成本。這在任何有原住民族存在的國家或社會裡，都被證明並不容易。在此，各種資源的有效集結就變得很重要，而想像力或許是貫穿其中的樞紐。

說服主流社會認同的文化權戰略思考

一、二風谷訴訟與生物多樣性

舉例而言，目前日本在保障阿依努族權利的法律現狀，就是只有《阿依努文化振興法》。這個法律雖然被局限在「文化（振興）」的面向，但因為文化權相對於A、B兩公約的其他人權清單而言意義較為不明確，因此反而可以提供阿依努人許多種嶄新的策略。例如，將文化權與環境權，甚至生物多樣性概念相結合，從而導出民族自決權的行使依據，並且對所謂的主流社會提出邀約。

為了進行如此的想像，我們可以再回到二風谷訴訟。

如同前述，二風谷判決是日本國家機關首度承認阿依努民族原住性的司法判斷。不過該判決還有另一個重要的貢獻，即對國家公共建設之實施與其對於周邊地區文化的影響進行比較衡量，從而指出文化影響評估的重要性。此處的「文化評估」，很顯然也包括環境評估。換言之，判決承認環境與文化的互動性，並對二者均賦予重要的價值。

首先請看原告的主張：

二風谷地區絕大多數的居民都是阿依努族，是阿依努文化保存最完整的聖地。此處同時為沙流川流域，每當秋季，沿著沙流川溯流而上的鮭魚，正是與該地生物多樣性以及阿依努文化關係最密切的代表性生物。因為回鄉的鮭魚，會吸引燕鷗、狐狸或灰熊等動物群聚於河川或河口。而阿依努人除了和其他動物一同永續性地分享鮭魚資源，同時也藉此形成了其傳統文化。鮭魚不但是阿依努人自古以來的主食之一，也是傳統服裝的素材、傳統祭典的供品。因此鮭魚乃是阿依努人維持、延續、發展其文化不可或缺的生物。……

然而水壩的興建，卻將阿依努人與鮭魚的傳統關係切斷，導致阿依努文化的存續受到重大打擊。水壩不但使鮭魚再難返鄉，甚至淹沒了所有的阿依努文化遺跡與傳統典禮舉行之處。[44]

而在判決書中，法官大致承襲了原告的文化權論述，對於二風谷地區以鮭魚為中心的生物多樣性及阿依努文化的關係，做了詳細的檢證：

鮭魚在阿依努語中稱為「SHIEPE」，即「主食」之意。是阿依努人的重要食糧。而且其捕獵、烹調的方法，甚至用餐的儀式等獨特的飲食文化，有許多均與鮭魚有關。除了飲食之外，也以鮭魚皮製作靴子或衣服。說鮭魚乃象徵阿依努文化的魚種，甚屬妥當……

（二風谷地區）傳承阿依努民族文化傳統、精神、技術的人才輩出，加上豐饒的自然環境，故為最能保存該族傳統文化的地區……

法官根據這樣的認識，才有其後對政府輕忽調查的不以為然，甚至判斷裁定違法。而這個判決，其實很可以好好活用。一個重要的切入點是，把「社區文化」和生物多樣性的關係，加入日本現行環境評估法律（《環境影響評價法》）的評估項目之中。甚至，也可以把這個項目加進《阿依努文化振興法》的使用當中，使之成為法源，「凡是對阿依努文化有不利影響的公共建設，都必須事先得到阿依努人的同意」。[45]

這個策略有其現實因素的考量，其中最重要的是，日本不但是《生物多樣性公約》的簽署國，而且還在二〇〇八年制定了《生物多樣性基本法》。而無論是公約或是基本法，都承認生物多樣性與人類文化息息相關。[46]松井一博因而主張，《生物多樣性基本法》

不僅應該視為生物多樣性公約的國內法，而且更應該做為環評法的特別法。[47]這種廣泛利用「條約／國內法」、「特別法／普通法」的連鎖方式，以擴充《阿依努文化振興法》的「文化」內涵的方式，確實可行。換言之，這是藉由政府所締結的國際公約，回過頭來要求政府在國內落實的正面進攻法。

當然，有些國家也許不把自己締結的條約當成一回事，就連不是國家的臺灣也常常如此。但日本政府還不至於這般窮斯濫矣（這也是為什麼當它不願遵守某些國際人權規範的時候，就不敢簽署）。所以這個策略在運用上，不但要求國際公約的國內法化，還得盡可能「誘使」政府主動「說大話」。二〇一〇年十月，第十屆生物多樣性公約締約國會議在名古屋舉行，日本身為地主國，為了「爭面子」就說了許多「大話」，而這些大話——政府的公開承諾——如果以類似二風谷事件的訴訟方式爭取，恐怕一百年都爭取不到。

第一個例子是日本政府甚為自傲的計畫：「里山倡議」。所謂的「里山」，在日文中意指人為經營的自然環境，例如農村以及其周邊的山林水源、生態環境等等。在日本傳統文化中，里山的居民循著非資本主義的、傳統永續經營的農耕方式，有意無意間保全了相當多的生物多樣性。因此倡議里山概念，便意味著日本政府公開承認：住民與自然保育是一組共生的夥伴，對於居民長年來實踐的傳統習慣與知識，更須尊重與學習。雖然日本政府的里山倡議的發想來自於傳統和人農村，然而若論文化與生物多樣性的關係，套用在阿依努族與他們在北海道居住地之上，恐怕遠比和人農村更具有國際說服力。

第二個例子，是日本在會議上向各國代表宣稱：日本的國家公園政策，向來主張「應與地區多樣的主體攜手合作，進行保護與管理」：

> 我國的自然公園制度，並非必然將土地國有化，而是在一定範圍內承認當地住民的居住、農林漁業、觀光等經濟活動，同時又對有改變自然之虞者加以規範限制。透過與當地關係人們的合作，以圖保護、管理公園區域內的自然環境。……（例如風景地保護協定與公園管理團體的制度）為了促進民間團體自發性的保護管理自然風景地，得將民間團體指定為公園管理團體。此外，亦可由公園管理團體、土地所有權人與國家締結保護風景地的協定制度。目前共有五個法人從事此活動。[48]

那麼，這五個法人包含了阿依努族的團體嗎？答案是肯定的，但問題卻應該倒過來看。因為日本政府之所以能夠在二〇一〇年的名古屋大會向世界吹噓這個「日本經驗」，實際上正是拜阿依努族之賜。

二、文化、環境、世界遺產——知床半島「世界遺產化」的策略

文化是民族認同的根柢，因此，原住民族的權利回復運動，必然訴諸文化權的實現。相對的，原住民族的文化對於環境的永續經營的有效性，近年來也受到國際極大的矚目。例如一九九二年在巴西里約熱內盧舉辦的地球高峰會議，會議中通過的《里約熱內盧宣言》的「原則」第二十二條指出：原住民族及其社會的知識與傳統，對於環境的管理與開發具有重大價值。因此各國應該讓原住民族加入共同管理自然環境的行列。二〇〇五年十一月在烏干達的坎帕拉舉辦的《拉姆薩公約》(*Ramsar Convention*)[49]第九屆締約國會議，更再次確認了：締約國若欲保護溼地，便應重視溼地原住民族文化的價值，並積極活用其文化。

欲保護環境，須先保護原住民族文化——這可說是環境公約與人權公約的接軌。[50]環境與原住民族權利接軌，在理論上完全合理，但實務上要如何實踐？阿依努族對於日本的貢獻，就在他們的文化被國際承認對於自然環境的保護具有重大價值，因此同

意日本的申請，在二〇〇五年將日本北海道知床半島登錄為世界遺產。《世界遺產公約》（世界文化遺產與自然遺產保護公約），於一九七九年聯合國教科文組織第十七次總會決議通過，直到二〇〇五年為止，共有簽署國一八二國，遺產總數八一二個（文化遺產六二八個／自然遺產一六〇個／複合性遺產二十四個）。[51] 知床半島位於日本北海道東北部，為日本少數保有原生風貌的地區，很早就是日本的國家公園。

但日本《自然公園法》的立法目的為：「保護重要的自然**風景**，促進其**利用**，以提升**國民的保健**、**休憩與教化**（第一條）。」而知床所以雀屏中選，被列為國家公園，理由是符合同法要件：「在相同的**風景**形式中足為我國代表，且其風光明媚的**自然景觀亦足以傲視國際**」（第二條）。換言之，日本的《自然公園法》重視的是景觀與觀光，並不在意生物多樣性。[52] 而且，全部由中央與地方行政機關統一管理，並無居民／原住民參加的可能。可見其中全無人文思維，更遑論能認識到知床乃是阿依努人的聖地之一，公園保育與其文化密不可分。

由於這些缺點長年被詬病，日本因此在二〇〇二年進行一連串的修法。例如「風景地保護協定制度」規定：中央／地方／公園管理處應與土地所有人締結風景地保護協定，共同進行管理。又如「公園管理團體制度」規定：為促進民間團體或公民的自發性保護管理活動，可依上述協定與公益法人或非營利組織共管。本法適用於知床之際，則阿依努族依法可受委託管理公園。但是日本政府當時並未想到，本法的修訂竟然直接造成知床獲選為世界自然遺產的結果。

二〇〇四年日本政府以知床半島申請世界自然遺產，世界遺產委員會派遣諮詢機關國際自然保護聯盟（IUCN）前往日本調查後，接受調查結果報告，同意日本的申請。但是國際自然保護聯盟的推薦理由，遠超過日本政府的想像。

原來，國際自然保護聯盟在調查報告中，除了強調知床半島自然生態環境的重要價值確實符合自然遺產的要件之外，更特別指出阿依努民族與該地共生歷史的重要性：

> 阿依努人稱呼知床半島為sir-etok（大地之母的盡頭），並奉為聖地。為能實踐該地自然環境的永續經營，研究阿依努人文化，以及傳統智慧與技術至為關鍵。因此，日本法律容認如ウタリ協會等阿依努民族的代表團體參與未來的遺產管理，非常重要。因為獎勵遺產的傳統習慣與利用，對於推動生態保護主義意義重大。[53]

換言之，國際自然保護聯盟的報告不但肯定知床半島的自然價值，同時也肯定了阿依努族的文化價值對於該自然價值的保護的重要性。諷刺的是，日本政府的申請書中，卻對阿依努人的文化價值隻字未提。[54]

這個案例深具啟發性，因為它承認了原住民族（文化）與自然遺產（環境）之間的密切關係，乃是遺產認定的國際要件（遺產的複合性價值）。[55]因此，保護自然遺產，就必須賦予原住民族文化權——這同時也是締約國的義務。

二〇〇九年之後的日本政府阿伊努民族政策總檢討

距離二〇〇九年「阿依努政策有識者懇談會」報告書提出，十年的歲月過去了。當時筆者的觀察與期待是否過於天真善意？日本官方在這十年之間，又做出了什麼「能做的先做」的成績？而阿依努族以及其聲援者，對於日本官方這個自明治建國以來「破天荒」的放棄單一民族國家幻想的政策，又有什麼樣的回應？

一、阿依努政策推進會議的兩份報告

日本政府為了踐履報告書中的重要提案，特別在內閣官房設置了「阿依努總合政策

室」（二〇〇九年八月），並開辦了以官房長官為主席的「阿依努政策推進會議」（二〇一〇年一月）、「象徵民族共生的空間」作業部會以及「北海道外阿依努的生活實態調查」作業部會，並做成報告後解散（二〇一一年六月）。為了有效推動阿依努政策，隨即在阿依努政策推進會議之下設置「政策推進作業部會」（二〇一一年八月）。接下來，就似乎沒有什麼具體的大動作了。因此，比較重要的是前述兩個作業部會所做的報告內容[56]，因為這兩個報告標示了日本政府目前對阿依努政策的全貌。

「象徵民族共生的空間」作業部會報告內容摘要如下：

一、檢討經過

（1）將「阿依努政策有識者懇談會報告」的主要內容視為政策的關鍵，目的在於建構一個尊重原住民族尊嚴、放棄歧視、擁有多樣而豐富的文化與活力的社會。

（2）以阿依努族委員提案為基礎，參考文化人類學、自然人類學、環境學、觀光、海外案例等專家意見，檢討象徵空間的意義、具體功能以及候補地點。

二、所謂象徵空間

（1）象徵空間的意義與必要性

a. 為求尊重原住民族阿依努族的尊嚴以及尊重我國未來的目標——多元而豐富的文化及不同民族的共生，有必要設置中心據點，促進國民理解阿依努族歷史文化及發展、振興阿依努族文化。

b. 此一空間，將具有複合性的重大意義。它將是阿依努人心靈的故鄉（對阿依努人的意義），它將是能享有多樣且豐富文化的空間（對一般國民的意義），最後，它將是實踐不同民族共生、文化多樣性之尊重等國際性理念的空間（國際性意義）。

（2）象徵空間的功能

做為今後阿依努政策推進的中心據點，此象徵空間將是 a.「廣義阿依努文化復興之據點」b.促進國民理解阿依努歷史文化之據點 c. 朝向未來發展之據點。

（3）象徵空間的基本型態

做為國營的阿依努文化復興的設施，在國家主體性之下，以教育、研究、展示等的文化設施為核心，且在廣大的自然空間之中，設置各種自然體驗型的野外設施，用以進行各種實踐、傳承、體驗、交流阿依努文化的各種戶外活動。

三、**具體機能**

（1）展示等機能。包括阿依努的歷史文化、調查研究、培育文化實踐或傳承的人才。

（2）體驗、交流機能。

（3）文化設施周邊的公園機能。

（4）尊重阿依努精神文化的機能。

四、**候補地點（略）**

五、**與其他地區的合作與分工**

六、**未來的課題**

「北海道外阿依努的生活實態調查」作業部會報告內容摘要如下：

一、**調查概要**

（1）調查目的

為求阿依努人不受居住地所左右，能夠自力營生且承擔文化振興與傳承之責任，必須從全國的角度檢討必要之政策，故應對移居於北海道之外的阿依努人的生活實況進行調查。

（2）調查對象

從明治以後，自北海道移居外地的阿依努人及其子孫。調查對象以年滿十五歲以上者為限。又若本人否定其為阿依努人者，不列入調查對象之內。

（3）調查方法（略）

（4）調查內容（略）

二、**調查結果**

（1）用於對照組之調查（北海道內阿依努人之調查，以下略稱北海道內；全國國民調查，以下略稱全國）

（2）受訪者結構（略）

三、**生活**

a. 每戶平均年所得以三百萬日圓為基準，不滿三百萬元者之比例為：本調查四四・八％、北海道內五〇・九％、全國三三・二％。與全國相較，收入明顯偏低。

b. 低收入戶比例：本調查七・六%、北海道內七・〇%、全國二一・三%。與全國相較，明顯偏高。

c. 就業型態：約聘及時薪人員比例：本調查四三・七%、北海道內三〇・四%、全國二八・二%。與北海道及全國比較之下為高。此亦為造成年收落差的主要原因之一。

四、教育

a. 二十九歲以下曾就讀高中者的比例：本調查八七・九%、北海道內九五・二%、全國九七・三%。曾就讀大學者的比例：本調查三一・一%、北海道內二〇・二%、全國四四・一%。與全國相較顯著偏低。

b. 高中退學人數比例為全國的將近六倍。理由為「經濟理由」的比例：本調查四〇・七%、全國二一・九%。

五、阿依努文化

a. 關於現在或過去曾參加過阿依努文化傳承等活動的比例為本調查三四・八%、北海道內四〇・七%。與北海道內相比，參加者人數較少。

b. 認為今後應得到傳承的阿依努文化的細項中，阿依努語、音樂、藝能、編織、刺繡等達到六成，此外的文化亦有將近半數主張應予傳承。文化傳承的意識甚高。

六、意識

a. 向配偶自承為阿依努人者有八成，向兒女自承者六成，周遭人等知曉自己為阿依努人者超過五成。顯見阿依努民族意識甚高。

b. 即使在對阿依努族不太瞭解的北海道外之地，仍有二〇・五％的人回答曾遭受歧視。

c. 與北海道內的調查結果相同，生活困苦者甚多，但因而求助於行政機關者的比例，本調查三・三％，北海道內一〇・〇％，與北海道相較，在外者較無求助機制。

七、總結

這是第一次以全國規模調查北海道之外阿依努人的生活實態，意義重大。除了城鄉差距之外，可以明顯看出，北海道內與道外的阿依努人的生活，基本上十分相近。而與全日本國民的狀況相比之下，則有相當落差。懇談會報告書所指出的落差的存在，經本調查而得到確認。

這次的調查，許多阿依努人拒絕接受訪問。然而此正反應了做為一個有尊嚴的阿依努人，在日本生存是如何不容易。這或許是本調查最重要的調查結果亦未可知。

二、「日本型原住民族政策」理論與「官僚主導型原住民族政策」

二〇〇八年懇談會成員的名單，雖然不如阿依努族人所期待，應由過半數的族人組成（最後只有一名阿依努族人——北海道UTARI協會理事長加藤忠），但平心而論，確實都是「和人」中的一時之選。例如著名的國際人權法學者安藤仁介、憲法學家京都大學名譽教授佐藤幸治、北海道大學法律系教授（阿依努研究中心主任）常本照樹、著名人類學家及東大教授山內昌之、國立民族學博物館教授佐佐木利和等人，幾乎都是常年來聲援阿依努族的專家學者。

在這其中，筆者認為常本照樹教授是「懇談會報告派」最重要的理論與實務的推手。因為日本阿依努族權利恢復的幾個論述中，最常遇到的衝突或難題，就是「國際人權法／聯合國原住民族權利宣言」和「日本（憲）法／國內法」何者優先、如何交融、或如何在適用上做出兩者（在國內法上）不衝突的解釋。[57]

當然，就一個長期被無端、無理宰制的原住民族而言，這些難題都是「國家＝加害者」的難題，憑什麼需要被害者負舉證責任？但是，現實已是如此，而如果原住民族放棄獨立建國的路線，決心在現行國際與國內法框架下爭取平權，就不可能只依賴加害者的良心發現。被害人還得幫加害人解套——在日本這個例子裡，就是要幫日本政府解開自明治以來的主權國家思想、現代市民法思想桎梏，以及在歷史中積非成是的社會偏見。甚至還得面對憂心戰前集權主義思想復辟、因而堅決反對集體權的憲法學者。[58]常本所主張的「日本型原住民族政策」就是一個試圖在兩者之中創造雙贏的、苦心孤詣的理論。

在〈關於「日本型」原住民族政策的可能性〉[59]中，常本照樹首先提醒道：《聯合國原住民族權利宣言》雖然得到一百四十八國的同意[60]、十一國棄權而且無任何一國反對的壓倒性勝利，但是所有同意的國家都強調是「在不影響國內法範疇下的同意」。而日本也不例外。懇談會的主軸更是以此為基礎進行討論的。

其次，常本提出了「實體性原住民族概念」與「程序性原住民族概念」的區分。所謂「實體性原住民族概念」，意指「享有如聯合國宣言中所明示的自決權、土地權等（能夠鞏固民族自律性的）實體權利的原住民族」。但是他認為，實體原住民族並不能直接適用於阿依努族或日本的特殊情況上。例如：權利享有的主體究竟是誰？由誰決定？決定的基準何在？這不但無法單靠阿依努族人的個人主觀認定[61]，同時也因為日本的阿依努族向來並無民族自治組織，所以也不能完全委由自治組織判斷誰是阿依努族人。此外，在崇信個人主義憲法、「權利行使的主體以個人為原則」思想根深柢固的日本憲法學界，他也認為原住民族權利的集體權性質如何能夠得到學者背書，進而被國家承認是一件尚待克服的難題。同時，沒有完善自治組織的阿依努族要如何行使實體權利的內容——例如做為一個政治性自決權的行使主體？最現實的是，常本說道：

> 目前我國在討論原住民族政策之際，倘使一開始就要求從「權利」面切入，會讓積極的一方有過於天真的期待，而讓消極的一方有過剩的警戒，反而將使得討論窒礙難行。[62]

很明顯的，常本所說的「積極的一方」是急著復權的阿伊努族人，而「消極的一方」當然是日本政府以及主流社會。因此，他說明懇談會報告書的思考邏輯如下：所謂原住民族是具有原住性的少數民族，當國家未得該民族之同意，或不在乎該民族之同意，強行進入其土地，施展國政因而造成該民族之損害，國家便負有回復損害的重大義務；換句話說，報告書並不直接從民族的權利面著眼，而從國家侵害其民族權利的過程著眼。因此，認定國家對該原住民族比起對其他少數民族在程序上負有加重義務。這就是常本所謂的「程序性原住民族概念」。

那麼，在程序性原住民族概念之下，國家應該回復該民族的什麼利益呢？在報告書中所設定的就是文化。但是，所謂文化，並非歌舞、語言、工藝等而已（實際上一九九七年制定的《阿依努文化振興法》所定義的文化，就是如此狹窄）。報告書所欲回復的原住民族文化，乃是一種廣義的文化，乃是「人類對自然加工所形成的物質與精神兩方面的成果。包括食、衣、住、行、科學、學術、藝術、道德、宗教、政治等生活樣式與內容」。[63]

因此，為了復興廣義的阿依努文化，同時重振阿依努族的民族認同，實際上，可以立即進行的政策包括：在擁有山海河川豐富自然之處設立國營的自然公園、博物館、阿依努文化教育研究或傳承設施、民族交流設施等（此即所謂的「民族共生的象徵空間」），以及振興包含語言在內的阿依努文化與研究、促進阿依努人對土地資源的利用與活用、振興產業、提高教育水準，以及促進日本國民對阿依努文化的理解。

另一方面，則要解決日本憲法上的問題。現行日本憲法並未規定任何以阿依努民族或原住民族的存在為前提的任何法條。相反的，是以個人主義為其中心思想，但是懇談會則活用憲法第十三條「全體國民做為一個個人均應受到尊重」，將「對個人的尊重」解釋為尊重每個人生活方式的選擇。如此一來，如果有人選擇以阿依努民族認同為中心的生活方式，國家當然要予以尊重。而所謂尊重，並不只是消極的不妨礙，當然也隱含著國家有責任積極創設得以如此生活的環境。常本主張的理由是，民族認同的形成通常受到外在環境的影響很深，而阿依努族的民族認同環境幾乎已被日本國破壞殆盡[54]，因此，如不積極創設得以形成阿依努族民族認同的外在環境，其他權利便無法推展。再加上日本社會對原住民族的歧視，造成族人很難積極選擇其民族認同，因此政府必須要化解主流社會對原住民族的歧視。此外，如果有人質疑這種阿依努政策是歧視性優惠（affirmative action），違反憲法第十四條的平等原則（例如：為何不對其他少數民族或移民給予相同待遇）？懇談會所準備的答案是，被強迫同化的原住民族與出於自願移居日本的少數民族，政府所負有的責任輕重不同。而且憲法第十四條容許平等原則的適用可以有合理的區別，因此並不違憲。

總結常本的理論，我們可以看出，所謂「程序性原住民族概念」的目的，是要循序漸進，階段性地回復阿依努民族的權利。換句話說，日本這一套史無前例的原住民族政策，首先，能夠增加阿依努族人的民族認同，以及深化主流社會對阿依努族人的理解。其次，才有可能在下一個階段引進國際社會的標準，亦即「實體性原住民族概念」，使日本政府的阿依努政策與聯合國宣言所宣示的權利完全接軌。

對於常本照樹教授的「程序性原住民族概念」以及以懇談會報告書為理論基礎的內閣阿依努政策推進會議大力批判的，則是惠泉女學院大學教授上村英明。

上村在二〇一二年三月十三日於東京的一場題目為「從國際法及憲法／國內法的觀點看阿依努民族政策」的公開演講[65]中，火力十足地公開點名批判常本照樹及其「領導」的日本阿依努政策。他首先不無諷刺地指出阿依努政策推進會議有兩個「進步」之處：第一，十四名委員當中，有五名是阿依努民族的委員，約占三分之一，這在日本的行政機關裡是史無前例之事。第二，推進會議不再是如懇談會般屬於內閣官房長官之下的諮詢機構，而是官房長官親自擔任主席，層級更高。可是，上村隨即又指出，這個會議直到如今只開了三次會。相對的，做為其下屬的象徵空間作業部會卻開了十三次的會議。另外，道外阿依努調查作業部會也開了九次。推進會議的委員之中，有國際法的專家，但在作業部會中，卻將這些專家排除在外。相反的，作業部會的委員卻有許多不是推進會議的委員廁身其中。

但是，上村主要的批判對象，還是集中在常本的日本型原住民族（＝程序性原住民族概念＝廣義的阿依努文化復興）政策。可想而知，他對常本所主張的權利主體認定上的困難以及集體權在日本憲法上十分陌生等意見也非常不以為然。上村諷刺道：

> 比方說我在路邊，要用日本語大叫還是用英語、西班牙語大叫誰也不能干涉我，因為個人的言語權在日本社會受到保障。（筆者按：這就是所謂的憲法的個人主義。）但是如果在戰前的日本……棒球比賽中，卻因為英語是敵性語言所以不能使用。另一方面，集體的語言權也存在。小孩子上學，父母親如果要求學校教這個小孩子西班牙文，日本的公立學校一定會說恕難從命，因為國家規定日本公立學校一定要用日語來教學。……常本老師在演講中，老是把「聯合國宣言非常重要」像口頭禪似地翻來覆去地說，但仔細聽他的發言，實際上他的意思是「這種東西有什麼用」，「國內法體系沒有的東西，到底要怎麼實現呢？」[66]

因此，上村英明斷言，所謂的日本型原住民族政策其實根本就是「官僚主導型原住民族政策」。前述兩份部會報告也被上村批評為見樹不見林的繁瑣小事，根本與阿依努民族的期待大相逕庭。此外，如何認定誰是阿依努族的問題，上村也認為這個提問根本是本末倒置。因為真正的問題是，認定權在誰的手上。從常本的理論看來，認定權只能是在國家官僚手中，卻不在阿依努民族自身的判斷。至於日本憲法是否承認集體權，上村則以日本憲法第二十條「宗教自由」以及一九五一年制定的《宗教法人法》第一條第二項為例：「憲法所保障的信教自由，在國政上必須予以尊重。從而，本法律任何規定均不可被解釋為限制個人、集團或團體基於其被保障之自由，所進行的宣傳教義、儀禮行事及其他宗教行為之用。」可見日本國內法中，權利的主體不但及於個人也及於集團與團體。何況宗教法人中，有許多狂信組織，卻仍然能擁有信教自由，何以集體權不能及於阿依努民族呢？

此外，在演講結束後的提問時間裡，上村特別針對常本經常強調的「創造民族共生社會需要得到大多數國民的理解」，認為是一種倒果為因的詭辯。他曾經在國會與政府辯論沖繩人的權利，當時政府回答在日本國內的「社會通念」——法律白話文的說法，就是「社會共識」——中，並不承認沖繩人是一個民族。上村感嘆道，所謂社會通念，就是國民對於某事物的理解。但是沖繩是否為一個民族，竟然要由日本的國民理解來決定，這豈不是把少數民族的權利交給多數民族決定嗎？這根本是一種結構性的歧視，必須用法律體系以及人權思想加以矯正。可是常本和日本政府老是強調改善阿依努民族處境必須獲得大多數日本國民的理解，等於是惡用多數決原理。

總而言之，上村認為常本的理論實際上是一種父權主義。不談權利、不討論問題的本質，只談政策與過程，對於日本的官僚體系而言，等於是大開方便之門。而且日本政府對人權保障本來就不是強項，特別在一九九〇年代以後，對於國際人權基準國內法化更是非常消極。[67] 常本理論只是追認政府的這種消極態度。而且聯合國的原住民族權利宣言雖然如常本所說，是「在不影響國內法範疇下」由各國自由採取各種形式保障原住民族權利，但是，所謂各種形式是法律的形式，絕非人亡政息型的政策形式。上村因此認為，常本教授不思及此，卻以為政策的累積才是正途，甚至妄將原住民族概念區分為數種，就國際標準而言，實在是太奇怪了。

三、民間知識力量的展現

上村英明對於常本照樹的批判，雖道出部分真相，但無法完整說服筆者，原因在於情緒勝過說理。[68]但是一份在二〇一一年十一月出版的共同研究成果《阿依努民族的復權——與原住民族共構一個新社會》所收錄的幾篇論文，對於日本政府的阿依努族政策的批判，卻是既犀利且深刻，非常值得參考。[69]

在該書第七章〈原住民族的自決權與平取水壩計畫〉[70]中，作者丸山博教授對於聯合國宣言與近年日本的阿依努政策之間的關聯，有深入的解讀。

首先，丸山指出：《聯合國原住民族權利宣言》第三條的自決權和一九一九年國際聯盟所確立的自決原則，有若干相異之處。因為後者的自決權被各國政府限定解釋為自治（self-goverment）與自律（autonomy），否則將會與國家主權原則與國家領土完整性原則相牴觸。而相對的，雖然大部分的原住民族主張其自決權不可附加任何條件，但是現實上，參加聯合國宣言草案起草的絕大多數的原住民族，也都強調平等自決權的主張，其目的與動機並非分離主義或者獨立，而是要自我決定自己的生活與命運。[71]因此在草案第三十一條中才規定：「原住民族具體行使其自決權之際，對於與其有關的內國的、區域性的問題擁有自律與自治的權利。」[72]而草案第三十一條最後變成宣言的第四條，將自律與自治的權利限定在「文化、宗教、教育、資訊、媒體、健康、雇傭、社會福利、經濟活動、土地與資源的管理、環境」等事項，以尋求各國支持。另外，又在第三十八條規定「各國應與原住民族協商和合作，採取適當措施，包括採取立法措施，以實現本《宣言》的目標」，以得到原住民族的諒解。因此，對該宣言投下同意票的日本政府，以及以該宣言為最高理論的阿依努族，都贊成不以分離國土或獨立的方式實現宣言中的自決權。這一點，和常本教授的見解一致。問題在於，自決權以及其他權利的行使應該國內法化。但是，就此而言，日本政府至今為止的表現，的確只能以「消極」兩個字形容。或許日本政府會以「聯合國宣言不具法律拘束力，只能做參考」為藉口，但是，丸山博則指出，這種消極的作為違反了日本國憲法的前言：「在致力於將專制與隸屬、壓迫與偏見從地球上永遠去除的國際社會中，希望日本能夠占有光榮的一席之地。」

其次，針對懇談會報告書，丸山也指出其中最大的缺陷在於「完全看不到想解決阿依努問題的政府意志」。因為，報告書對於一九九七年施行的現行法《阿依努文化振興法》的批判止於「文化振興政策並無法導出阿依努人的原住性」。對於該法不肯直接承認阿依努族為原住民，以及其補貼式的官方主導性質，均毫無著墨。這就造成了一個弔詭，政府一方面承認阿依努民族為原住民，另一方面，又允許否定阿依努族原住性的法律持續存在。那麼，究竟是這部法律違法，還是二〇〇八年以後的政府政策違法？此外，對於原住民族權利的保障，雖然宣稱此後應積極在憲法的相關規定中，求得阿依努政策的法律根據，但直到目前為止毫無動靜。不但如此，該報告書所構想的推進體制，完全無視國際人權公約中，最重要的B公約第一條及第二十七條，卻主張「以國家為主體，綜合性地推動政策，並且有必要建構一個得以在政策上反應阿依努人意見的體制」，等於是強調國家的主導權。這算什麼有識之士的懇談會呢。

另外，常本教授以及官方極力鼓吹的「豐富而多元的文化與不同民族的共生」，在該書第五章〈阿依努民族的文化享有權與多元文化主義〉之中，作者松名隆教授的批判則愈見犀利。[73]

首先松名指出：多元文化主義（multiculturalism）是「民族國家應以一文化、一語言、一民族所構成」的同化主義（assimilationism）的反命題。類似加拿大、澳洲等擁有各種外來移民以及原住民族的國家，雖然提倡多元文化主義，真正的目的其實在於維持現存的國家體制。而且，在「各民族一律平等」的口號之下，卻隱含了一個陷阱。例如加拿大的多元文化主義之下的法語區魁北克與原住民族，最強調的不是平等，而是異化，是確保在聯邦裡的特權地位。如果接受了多元文化主義，就只能夠與其他少數民族處於相等的地位。因此多元文化主義不但不能夠滿足他們的需求，更有可能驅使他們走向分離獨立之路。澳洲的多元文化主義，則「以英語圈澳洲文化及語言為中心，將原住民族定位為國內對等但屬於邊陲的多種文化之一，結果掩蓋了原住民族（應有的）的特別地位以及（現實上的）不利地位」。[74]換句話說，就是將原住民的固有文化與後來的移民文化相提並論，但如此一來，卻在無形中正當化了以不義手段壓制原住民族而取得統治地位的白人文化。結果，對於原住民族而言，伴隨著十九世紀殖民主義的是同化主義，而伴隨著二十世紀殖民主義的則是文化多元主義，被殖民的狀態從未改變。這個觀察，同樣可以適用在日本的阿依努政策之上。

不過，在同書第六章〈多元文化主義與民主主義論〉中，另一位作者奧野恒久則有著不盡相同的見解。[75]他認為，對於原住民族或類似魁北克的少數民族而言，證成「明明都是人，缺因為偏見而被歧視」的民主主義理論並不重要，重要的是能夠證成「明明不一樣，却被強迫同化」的多元文化主義。但目前加拿大以及日本等國所鼓吹的多元文化主義，如果蘊含著「政治權力對於所有的文化與共善（common good）的構想一視同仁保持中立」的自由主義思想，就會有打著中立的幌子，實際上却強化強勢族群語言文化的危險。畢竟國家對於文化是不可能保持中立的，而且「『文化的自由市場』總是結構性地朝著消滅少數民族語言文化的扭曲之路前進」。若再加上經濟全球化的因素，原住民族以及少數民族的文化保存就更是戛戛乎其難為了。因此對於常本等人所強調的，阿依努族的權利保護必須與其他自願移民日本的少數族群的權利保護有所區別，從文脈上應該是可以匯通的。

然而，奧野即使在多元文化主義上的主張與常本及國家政策重疊，他對於後者的批判並未因此而趨緩。從他對於懇談會報告書的檢討當中即可窺見一二。

奧野認為懇談會報告書最不可原諒的，是完全忽視了一九八四年五月二十七日北海道UTARI協會總會通過的《阿依努民族法（草案）》[76]（以下簡稱舊草案）。這份草案雖然是舊文件，但與懇談會報告書相較之下，卻顯得更為進步。

第一，懇談會報告書雖然強調其政策制定乃是以「阿依努人為原住民族」的認識為基礎，但是既沒有提及阿依努族的原住權，也對二風谷訴訟判決書的核心概念「文化享有權」隻字未提。只以日本憲法第十三條做為「尊重阿依努的認同」根據，從而引導出「尊重阿依努人的文化」、「阿依努的文化」的政策，完全不是以權利為基礎的政策論。換句話說，就是切斷「阿依努民族的自律性生存」與「阿依努的文化」的關係，而政府只負責文化保護。[77]相對的，舊草案則明確主張：「過去中央政府以及道廳總是以所謂北海道UTARI福祉對策之名，編列預算給予阿依努族補助金。但這種保護政策應行廢止，另外確立一個能夠讓阿依努民族自立的基本政策。」易言之，阿依努族真正要求的是民族的自立化，所有的政策都必須以此為目的積極整備各種基礎建設。可是很遺憾的，懇談會報告書所缺的，正是這種「阿依努民族的自立化」觀點。例如「民族共生的象徵空間」構想，也不脫保護型、利益誘導型的陳腔濫調。所謂「由國家主導的阿依努文化保護」，說穿了也不過就是「國家管控下的阿依努文化的繼承」而已。

第二，舊草案主張，「當前我們所需要的，是確立一個以回復阿伊努民族權利為前提的治本且綜合性的制度，以求一掃人種歧視、振興民族教育與文化以及經濟上的自立等。」明確強調阿伊努民族的權利。但是懇談會報告書則只強調「保障阿伊努人的認同」云云。報告書原則上避談「阿伊努民族」，修辭上總是使用曖昧的「阿伊努人」，連帶的對於「民族」、「集團」等字眼也避之唯恐不及。[78]這點和一九九七年的《阿伊努文化振興法》如出一轍。若說這是為了貫徹憲法的個人主義，那麼又為什麼宣稱其目標在「不同民族的共生」與「文化多樣性的尊重」呢？

第三，舊草案也強調在國會以及地方議會議員席次的民族代表制。可是懇談會報告書卻承襲過去政府的思維，認為此舉將牴觸憲法選舉權的平等（第十五條第一項、第三項及第四十四條但書）以及「國會議員應為全國國民之代表」（第四十三條第一項）的規定，除非修憲。[79]

無論是上村英明教授的批判，或是奧野恒久、松名隆、丸山博等學者的批判，都看得出他們對於阿依努民族的處境與未來有深深的焦慮。對於幾近滅絕的阿依努民族，日本政府的對應確實漫無章法而且緩不濟急。但是，批判政客或官僚，只能得到冷淡而愚鈍的反應，因此他們不約而同將批判的矛頭對向「穩健派」、「國家所信任的有識之士」所組成的懇談會，尤其是憲法學者常本照樹教授。但是，這樣的做法卻無意間過分「抬舉」了常本，彷彿國家怠惰的原因與責任都源自於「一介學者的理論與行動」。結果，除了造成阿依努民族支持者之間的內訌與內耗，真正應該被追究的國家責任卻無人過問。何況，在常本進入有識者懇談會並逐漸帶領國家政策之前，從來沒有人指責過他是御用學者，而即使在之後，也沒有任何證據顯示他的理論是為了迎合國家官僚。更何況他的兩階段復權論並非進入懇談會之後才形成——事實上，他早就指出：「討論現實上應賦予原住民族的權利的兩種取徑（「原住性」與「少數性」）並非互斥……應該視該民族與該國政府的實際狀況而定。」而且，阿伊努族人從未因此而譴責他。[80]

再者，無論理論上有何對立，事實上前文所介紹的這幾位阿依努民族權利的捍衛者，全部都是「和人」，並不具有阿依努民族的身分。當然，筆者的意思並不是說「和人」捍衛阿依努族的權利就一定只能是越俎代庖，因為道德的義憤原本與是否為當事人無關。[81]然而，這就像一種「代理戰爭」——一不小心，身為當事人的阿依努族的真正需求，卻有被代理人忽略的危險。

社會運動的目標、現實政治的實踐與學問的探求，在這三個領域中，無論有多麼高貴的理想主義，也不能隨便將此三者混為一談。尤其是實務的人權捍衛者或受害人，在這一點上更應該小心。以筆者個人為例，在學理上可以無所顧忌追求真理，但在運動實務上，尤其是為原住民族等受到人權侵害的被害者們向政府進行交涉之際，筆者從來不玩零和遊戲。手段上，可以柔軟、可以「陰險」，只要是受害人的權利，能拿回多少就拿回多少。但是，根本理由在於筆者完全不相信權利是國家可以或者願意施捨的。所以，如果我是常本教授，我會大量援引上村等人的批判，對國家官僚施予壓力：「你看，就是因為你們拖拖拉拉的，做事消極，現在連穩健派的我都受到池魚之殃！從今之後，最低限度也要盡快依照我的建言辦事。」

我們可以看看十年之後，也就是二〇一九年發生了什麼事情。在經過十年沉悶的毫無作為，日本自民黨政府，突然在二月提出了一個名稱冗長無比的「推動實現阿依努人尊嚴能受到尊重的社會的法律草案（アイヌの人々の誇りが尊重される社会を実現するための施策の推進に関する法律案；以下簡稱阿依努新法草案）」，緊鑼密鼓送往國會待

審。這個新法草案不但正式在法律中明記阿依努族為「先（原）住民族」，而且還規定禁止歧視、振興觀光、創設交付金等過去該黨始終消極抵制的進步內容。表面上看起來，似乎穩健派「苦守寒窯」，終於盼到了春天。不過仔細觀察，法案真正的重點，是要趕在二〇二〇年四月，在北海道白老町興建一個國立「民族共生象徵空間」，如此才能搭上夏天的東京奧運與聽障奧運的「觀光列車」。所以這個讓堅信日本乃單一民族的保守右派痛心疾首的法案，與其做為阿依努復權法案，無寧只是個振興觀光業的政策。這究竟算是以正義之名，行營利之實呢？還是藉殼上市，但互蒙其利呢？

所以，穩健派與激進派、現實派與理想派，這些區別不是用來內鬥，而是用來分進合擊，夾攻國家權力所做的分工。義憤的旁觀者，有時候過度入戲，反客為主的自以為是被害人，並要求國家做出百分之百、一次付清的讓步，卻忘了有時候被害人是允許加害人分期付款清償債務的。這其中應如何拿捏，日本與臺灣的原住民族權利捍衛者都應該深思。

話說回來，日本的現狀真的是「先求有，再求好」，因為阿依努民族無論是人口抑或政經文化實力都太微弱了。[82]而臺灣不但有五十萬的原住民族人口（以及潛在的、為數更多的尚未正名成功的平埔族人）、有中央部會級的原住民族事務委員會、有原住民族自己選任的國會議員與地方政府民意代表、更有完全以《聯合國原住民族權利宣言》為基礎的《原住民族基本法》。因此，採用完全悖離聯合國宣言及基本法精神的行政院版原住民族自治法草案以及其他政策，就不能夠宣稱「先上一壘再說」，而是已經踩上三壘，卻要求跑者回到一壘。這已經與穩健或激進無關，而是倒行逆施了。

最後，對於日本民間與官方在「多元文化主義」見解上的對立，讓筆者回憶起一篇自己都幾乎遺忘的舊稿：

> 朝野政客非常喜歡標榜所謂的族群、文化多元主義。然而族群、文化多元主義之中的「相互尊重」與「相互理解」，卻非一組毫無矛盾的自明之理。我們在臺灣經常看到的情形是，可以「相互尊重」，但尊重未必導致願意相互理解。一個福佬人，可以「尊重」客家文化，但未必因此而願意去理解、學習客家文化，只變成禮貌性的尊重、實際的隔閡與漠不關心。尊重一個自己並不理解的文化，則其尊重的基礎之淺之危，也就思過半矣。因此最後總是需要一個文化「共主」——主張不可去中國化者，其所以振振有詞，就在於他們不但自身怠惰，也因為吃定了他們的對手也同樣怠惰。然而，當文化「共主」一出現，多元主義的偽善性格，也就無所遁形了。

缺乏深思熟慮的，甚至只是純政治考量的「族群／文化多元主義」，顯然對於保障人權並無積極的意義。國際人權公約所主張的「不論人種、階級、性別、文化、國籍，所有人類均生而平等」，其立論的基礎也顯然不只停留在「尊重、承認他者各有其立場與世界觀」，而是透過理解他者的立場與世界觀，喚起我們的直覺，承認自我世界觀的片面與狹隘。這是一種關於形式真理的相對主義，與基於某種思想理念的相對主義，或者庸俗的文化相對主義，全然相反。正因為人類生活在同一世界上，有著共生的必要，因此才不容許立場、價值相異的各色人等，拘執於自我單一的立場與價值中。這國際人權公約之所以不厭其詳地提供人權清單，正是為了打造一個對話的空間，形塑最少偏見的胸襟，使立場價值各異的烏托邦之間的競合，社會成本降到最低。[83]

這段話現在看來，或許還仍然有一點參考的價值。

小結

薩伊德曾說，殖民者和被殖民者，在某種意義上，其實是同一條船上的共同冒險者。從一八九九年《北海道舊土人保護法》頒布開始，到二〇〇八年「阿依努政策有識者懇談會」報告出爐為止，阿依努民族為了維護自身的權利，對抗和人現代國家日本，已經超過一百年。雖然過程艱辛，進展緩慢，但阿依努族確實清晰見到了一絲希望的曙光。

二〇〇七年的《聯合國原住民族權利宣言》，更給了他們爭取權利時，一個具有普世性的道德基礎。不過，被認為原住民族政策先進國的美澳加紐四國，拒絕加入這個宣言，也證明了普世性的道德基礎尚不足以回復原住民族的權利。美澳加紐四國拒絕簽署宣言固然有甚強的既得利益考量，但憂心從啟蒙主義時代以來所建構的現代市民法體系會從根動搖的恐懼，確實也根深柢固。這一點就連其他多數國家也適用。因此原住民族必須證明並說服：保障原住民族的諸權利，不但不是革命性、破壞性的權利，反而是現代市民權理論必然的演繹結果。原住民族權利的保障，只是把國際人權法典現存的諸原則，平等適用於始終不得其門而入的原住民族而已。[84]雖然，逼迫被害人「要求回復其權利之前須先舉證其受害、證明其正當性」是違反正義的殘酷行為，但這就是原住民族被置放的現實世界。

因此，本文以日本阿依努民族爭取其文化權為例，細數他們如何說服主流社會認同的各種戰略思考，包括運用法庭訴訟為「論壇」，使和人政府與司法機關逐漸接受國際人權法的國內法化，同時連結環境權、生物多樣性與世界遺產的思維，創造出另一種更容易為主流社會瞭解與接受的道德勸說——命運共同體說。這個世界，毋須傾聽的強權邏輯已經過時了。全球化使得人類的命運緊緊綁在一起，而尊重、理解、保護原住民，進而學習原住民的智慧，恐怕才是這個新世紀人類得以生存的唯一選擇。

這一次，將是由「野蠻人」向「文明人」發動的新啟蒙主義運動。而人類的活動當中，再也沒有比耐心啟迪無知蒙昧更高貴的行為了。

注釋：

1 林江義，〈再思「先住民」?:愛伊努族的名稱〉，《原教界》第十八期（二〇〇七），頁八－九。

2 常本照樹，〈先住民族の文化と知的財産権の国際的保障〉，《知的財産法政策研究》第八巻（二〇〇五），頁十五。

3 更不用說，在司法實務上，很少有審檢真的把原基法當一回事。

4 吳豪人，〈臺灣經驗?:轉型正義的悖論〉，《民商法制與現代法學理論：清河雅孝教授榮退紀念論文集》（清河雅孝教授榮退紀念論文集編輯委員會編，二〇一四），頁三五一－三。

5 札幌地裁民事三部一九九七年三月二十七日判決。本文以下所引用之判決書內容，可參見：http://www.geocities.co.jp/HeartLand-Suzuran/5596/。

6 請注意「洪水調節」的語意陷阱：洪水調節≠防洪。

7 保屋野初子，〈市民と行政訴訟（四）二風谷ダム訴訟――アイヌ民族への「償い」の言葉に代えた歴史的判決〉，《法学セミナー》四十七巻三号（日本評論社，二〇〇二），頁七七－八〇。

8 聖地稱為Chinomishiri，意謂「我／祈禱／場所」。

9 田中宏，〈二風谷ダム訴訟判決〉，《国際人権》第八号（国際人権法学会，一九九七），頁六五－六九。

10 上村英明，《知ってますか?アイヌ民族一問一答》（新版：解放出版社，二〇〇八）。

11 給予地處分時須行政長官許可（戰前為北海道長官，戰後為道知事）。其立法理由「舊土人皇化之日尚淺，知識程度頗低」云云，可見本法對阿依努人而言是屈辱性的惡法。

12 上村英明前引書，頁五三－五六。

13 根據日本土地徵收法第十六條。

14 日本憲法第十三條：「所有國民，做為個人而受到尊重。對於生命、自由及追求幸福之國民權利，只要未違背公共福祉，則立法及其他國家施政，需予以最大的尊重。」

15 第二十七條（少數人之權利）：「在那些存在著人種的、宗教的或語言的少數人的國家中，不得否認這種少數人同他們的集團中的其他成員共同享有自己的文化、信奉和實行自己的宗教或使用自己的語言的權利。」

16 日本《行政事件訴訟法》第三十一條第一項：「取消訴訟時，當處分或裁定為違法，但若將其取消將對公共利益造成顯著的障礙之際，因而在考慮其損害賠償或防止的程度與方法等所有因素之後，如仍可認為取消處分或裁定有違公共福祉，則法院可駁回請求。此時，必須在該當判決之主文中，明白宣示該處分或裁定為違法。」

17 司法判決中，最有名的是「阿依努肖像權裁判」（一九八五年提訴，一九八八年和解）。參閱《アイヌ肖像権裁判・全記録》（現代企画室編，一九八八）。政府見解可參閱日本B公約國家報告（一九八〇年第一報告書中否認日本有少數民族，一九八七年第二報告書才改口承認：「說阿依努族乃B公約第二十七條所稱之少數民族亦無不可」）。日本政府的目的，據信應該是避免美加澳紐等國「國中有國」的尷尬。

18 一九八六年九月二十二日，當時的日本總理中曾根康弘，出席自民黨於日本靜岡縣田方郡函南町某旅館舉辦的全國黨員研修會發表演說時的內容。

19 房川樹芳，〈アイヌ民族の「少数先住民族」性に関する考察：いわゆる二風谷ダム判決を素材として〉，《北大法学研究科ジュニア・リサーチ・ジャーナル》第六期（一九九九年十二月），頁二四五—二七二。

20 田中宏，〈二風谷ダム訴訟判決〉，《国際人権》第八号（国際人権法学会，一九九七），頁六五—六九；常本照樹，〈先住民族と裁判——二風谷ダム判決の一考察〉，《国際人権》第九号（国際人権法学会，一九九八），頁五一—五五；岩沢雄司，〈二風谷ダム判決の国際法上の意義〉，《国際人権》第九号（国際人権法学会，一九九八），頁五六—五九。

21 演繹憲法第十三條「個人與國家」原理，援用到「位居支配地位的多數民族與被支配的少數民族之間的關係」。

22 日本憲法第九十八條第二項：「日本國對於其所締結之條約與已確立之國際法規必須誠實遵守。」
23 岩沢雄司，〈日本における国際人権訴訟〉，杉原高嶺編《小田滋先生古稀祝賀——紛争解決の国際法》（三省堂，一九九七）。
24 例如公約人權委員會於一九九四年通過的，關於第二十七條的一般評釋第二十三號。
25 田中宏前引文，頁六九。
26 雖然日本的《行政事件訴訟法》第二十五條第二項規定：當事人提訴之後，對於可能產生重大損害的行政處分，法院可以命其停止執行，但又在第四項中規定：如對公共福祉有重大影響之虞，則不得停止。同時又在同法第二十七條賦予內閣總理大臣有向法院的停止決定提出異議的權利。而且總理一提出異議，法院即不得決定停止執行，已決定者必須取消。說來說去，都是為行政權大開方便之門。
27 房川前引文，頁二六五。
28 房川前引文，頁二五七—八。
29 http://ja.wikipedia.org/wiki/%E4%BA%8C%E9%A2%A8%E8%B0%B7%E3%83%80%E3%83%A0
30 http://www.youtube.com/watch?v=4HxpQz8GZpM&feature=related
31 松本祥志，〈アイヌ新法 アイヌ文化振興法および二風谷ダム事件〉《法学セミナー》五一八号（日本評論社，一九九八），頁十八—二一。
32 畢竟利益衡量均習慣以量化為標準，那麼所謂「多數人（多數民族）的利益」當然總是勝過「少數人（少數民族）」的利益了。
33 《維也納條約法公約》第二十七條。
34 中村英樹，〈憲法上の自己決定権と憲法十三条前段「個人の尊重」——自己決定権理論の再構成のための予備的考察〉，《九大法学》七十六号（一九九八）。
35 常本照樹前引文，頁五四。

36 常本照樹，〈アイヌ新法の意義と先住民族の権利〉，《法律時報》六十九巻九号（日本評論社，一九九七），頁二—五。

37 當時有些學者還善意地解讀為「附帶決議雖然沒有法律效力，卻對行政機關有拘束力。因為那畢竟是國家最高權力機關＝國會的見解。對於配合未來的《聯合國原住民族權利宣言》（當時還是草案）助益良多」云云（常本照樹，一九九七）。結果二〇〇七年該宣言在聯合國通過之際，日本政府的第一個反應就是：簽署沒問題，但阿依努人不算原住民，所以不適用。

38 上村英明前引書，頁八四—八六。

39 竹内涉，〈実態から見る振興法の限界と課題「平成一八年北海道アイヌ生活実態調査報告書」より〉，《部落解放》第五八六号（大阪部落解放研究所，二〇〇七），頁二二—三五。

40 籾岡宏成，〈少数者の人権保護に関する意識と裁判所の機能：「二風谷ダム判決」および「アイヌ文化振興法」をめぐるアンケート調査の統計的分析からの示唆〉，《法學新報》第一一三巻第五／六号（中央大学，二〇〇七年三月），頁三三—七五。

41 阿依努共有財產訴訟過程非常複雜，本文無法處理。詳情可參閱《百年のチャランケ：アイヌ民族共有財産訴訟の記録》（緑風出版，二〇〇九）。

42 懇談會成員的名單倒都是一時之選。例如著名的國際人權法學者安藤仁介、北海道UTARI（阿依努族的別稱）協會理事長加藤忠、北海道大學法律系教授（阿依努研究中心主任）常本照樹、著名人類學家及東大教授山內昌之、國立民族學博物館教授佐佐木利和等人，幾乎都是常年來聲援阿依努族的專家學者。

43 報告書全文可參見http://www.kantei.go.jp/jp/singi/ainu/dai10/siryou1.pdf#search='アイヌ政策のあり方に関する有識者懇談会報告書'

44 房川前引文，頁二五六—二五七。

45 松井一博，〈アイヌ民族の権利と国際環境政策の展開——先住民族の文化権の保障から〉，《国際公共政

策研究》第十一卷一号（大阪大学大学院国際公共政策研究科，二〇〇六年九月），頁二三五－二五四。

46 例如在公約第十條C項規定：「應保護及獎勵遵循傳統文化習慣使用生物資源。」第八條j項也呼籲締約國必須「尊重與保護生物多樣性有關的原住民族或社區的知識、技術與習慣」。另外，在該公約的「二〇一〇年目標」的最終目標第九項，也提到「應維持原住民族及地方社區的社會性、文化多樣性」。而日本的《生物多樣性基本法》前言也指出：「生物多樣性同時也是做為地域固有財產的文化多樣性的支柱。」

47 松井一博前引文，頁二五〇。

48 以上引用之日本政府在第十屆生物多樣性公約締約國會議的官方說法「生物多樣性に関する日本の取組」。參照：http://www.cop10.go.jp/doc/pdf/Panel_cop.pdf。

49 《拉姆薩公約》為一九七一年於伊朗拉姆薩（Ramsar）通過的國際環境公約，目的在保護做為水鳥棲息地的世界各重要溼地。

50 松井一博前引文，頁二四九。

51 世界遺產公約本來的目的當然是保護人類的文化與自然遺產。但是登錄數目如此踴躍，有很大的原因是各國發現除了可以「發揚國威」之外，更重要的是能夠吸引觀光客。但經濟利益卻可能反而造成遺產的損耗。另外，世界遺產還造成兩個大問題：偏向僅以有形遺產為保護對象，原住民族的口傳文化、社會慣習等不列入保存對象。而且，還無形中區分出文化優劣。因為未能被登錄的國家或民族的文化，似乎就是低劣的，不值得保存的。這當然不是聯合國教科文組織的本意，因此才有《聖荷西宣言》（一九八二），強調「消滅民族文化乃國際法上的犯罪，而民族文化的發展對於原住民族乃一不可退讓的權利」。此後更有《傳統文化及民間傳承保護建議書》（一九八九）、《人類口述與無形遺產傑作保護宣言》（二〇〇一），同時登錄了十九件無形文化遺產，以補世界遺產之闕漏。不過，以上宣言或建議書，均無法律拘束力，所以還得再接再厲，最後催生了《無形文化遺產保護公約》（二〇〇三年通過，二〇〇六年四月生效，四十七國簽署）。《無形文化遺產保護公約》內含文化多樣性精神，主張文化無優劣之分。不但具普世性，對社會經濟政治的弱勢——特別是原住民族的文化保護，意義重大。就算對於非原住民文化亦然（文化不可「評等」：一級古蹟／二級文化財／三級……等等）。

52 日本《自然公園法》制訂於一九五七年，最終修法於二〇〇八年。此處引用的法條是舊法，新法已加入「確保生物多樣性」的字眼。

53 http://dc.shiretoko-whc.com/process/exchange.html。

54 上村英明監修，《グローバール時代の先住民族——「先住民族の10年」とは何だったのか》（法律文化社，二〇〇四）。

55 生物多樣性國際公約等環境公約亦有相同要件。

56 兩報告的完整內容可在日本內閣官房阿伊努總合政策室網站下載：http://www.kantei.go.jp/jp/singi/ainusuishin/shuchou-kukan/houkokusho.pdf、http://www.kantei.go.jp/jp/singi/ainusuishin/jittaichousa/houkokusho.pdf。

57 關於此點可以參閱常本照樹，〈憲法の最前線あるいは最辺縁——先住・少数民族の権利〉，紙谷雅子編《日本国憲法を読み直す》（日本経済評論社，二〇〇〇），頁二〇一。

58 例如戰後著名的自由派憲法學者樋口陽一。他甚至曾經論道：「一七八九年法國大革命的人權宣言之所以對於結社自由隻字不提，正反映了革命的主要課題，是要藉著打破身分制的中間團體，以求自由個人的解放。」「我的出發點，乃是追求絕不『逃避自由』的個人主義，因此縱使被視為反動虛幻，也要徹底反對集體主義型憲法體系。」樋口陽一，《近代憲法学にとっての論理と価値》（日本評論社，一九九四），頁一七二以下。

59 中文版請見二〇一一年輔仁大學法律學院主辦「島弧人權：亞洲人權的理論，實務與歷史」國際研討會報告論文集（未出版）。日文版後來收錄於常本照樹〈「日本型」先住民族政策の可能性について〉，《アイヌ民族と教育政策——新しいアイヌ政策の流れのなかで》，札幌大学附属総合研究所BOOKLET第四号，

頁三七－五六。本文所引用者為日文版，本節關於常本理論的介紹，除非另有出處說明，否則均引自上述常本論文。

60 美國、加拿大、紐西蘭、澳洲雖然在二〇〇七年九月的聯合國總會裡投票反對，但後來都陸續撤回反對意見支持該宣言，因此共計一四八國同意。

61 例如二〇〇六年北海道廳的阿依努族人口調查報告中，就發現「有無血緣關係」和「自認為阿依努族人」之間有落差。因為縱使有血緣關係，但拒絕承認自己為阿依努族人者，以及雖無血緣關係但因收養、婚姻等而以阿依努族人自居者均大有人在。http://www.pref.hokkaido.lg.jp/ks/ass/jittai.htm。

62 常本前引文，頁四五－四六。

63 此一日文的「文化」定義引自日本的《廣辭苑》第六版。

64 根據前引北海道廳調查，現在北海道至少有二萬四千人左右的阿依努民族，此外，以東京為中心，也有數千人居住在北海道之外。但是，卻找不到任何阿依努族人在日常生活中使用阿依努語，或維持其傳統生活習慣。也沒有純粹阿依努人的聚落。

65 此次演講逐字稿日後收錄於上村英明，〈アイヌ民族政策のあり方—国際法および憲法・国内法の観点から〉，《NPO現代の理論・社会フォーラム》季刊第十七卷（二〇一二年六月），頁九七－一一二。本文即引用此演講稿。

66 前引上村演講稿，頁一〇〇。

67 日本政府對於國際人權法國內法化態度消極，也可以從日本駐聯合國大使歷年來的發言紀錄中獲得佐證。例如對《聯合國原住民族權利公約》投贊成票的時候，日本大使的發言：TAKAHIRO SHINYO (Japan) said that his delegation had voted in favour of the Declaration. The revised version of article 46 correctly clarified that the right of self-determination did not give indigenous peoples the right to be separate and independent from their countries of residence, and that that right should not be invoked for the purpose of

impairing the sovereignty of a State, its national and political unity, or territorial integrity. The Japanese Government shared the understanding on the right and welcomed the revision. Japan believed that the rights contained in the Declaration should not harm the human rights of others. It was also aware that, regarding property rights, the contents of the rights of ownership or others relating to land and territory were firmly stipulated in the civil law and other laws of each State. Therefore, Japan thought that the rights relating to land and territory in the Declaration, as well as the way those rights were exercised, were limited by due reason, in light of harmonization with the protection of the third party interests and other public interests. 見http://www.png-wealth-creation.com/support-files/unaminutesondeclarationonindigenouspeoples.pdf。而且過去的不良紀錄也不可勝數。例如日本雖然在一九七九年簽署B公約，却向聯合國報告「敝國並無少數民族存在」，到了一九九二年向聯合國人權委員會提交國家人權報告書的時候，雖然改口宣稱「承認阿依努族為少數民族也未嘗不可」，但仍堅持「不承認阿依努族為原住民族」。田中宏，〈備忘録に代えて〉，《二風谷ダム裁判の記録》（萱野茂、田中宏編，三省堂，一九九九），頁六六。

68 可能是因為即席演講的關係。

69 原書為貝澤耕一、丸山博、松名隆、奥野恒久編著，《アイヌ民族の復権：先住民族と築く新たな社会》（法律文化社，二〇一一）。本文所引用的章節及頁數，以下將陸續標註。又，本文文首貝澤耕一的抒懷，引自本書第二章〈民族の復権を求めて〉，頁十七。

70 前引書第七章丸山博，〈先住民族の自決権と平取ダム計画〉，以下引用参見頁一二七－一三七。

71 關於這一點是否適用於我國的原住民族?值得調査。

72 Henrikson B. John. 2001, Implementation of the Right of Self-Determination of Indigenous Peoples, Indigenous Affairs 3/01, p. 14-16.

73 前引書第五章，松名隆，〈アイヌ民族の文化享有権と多文化主義─二風谷ダム裁判の基層文化論による總括〉，以下引用參見頁八八－九七。

74 加拿大的案例可參照田村知子，〈カナダ多文化主義の現実とジレンマ〉，《エスニシティと多文化主義》（同文館，一九九六），頁一四二。澳洲的案例可參照同書所收関根政美，〈国民国家と多文化主義〉，頁五九。

75 前引書第六章，奥野恒久，〈多文化主義と民主主義論〉，以下引用參見頁一〇一－一〇八。

76 草案原文可至以下網頁下載：http://www.geocities.co.jp/wallstreet/8729/ainu.html。

77 筆者認為這一點持論過苛，參見常本前述主張即可證明。

78 但是純粹就常本照樹的著作觀之，便可知他從未避諱使用「阿伊努民族」這個修辭。

79 此處奥野引用的根據，應該是常本照樹〈アイヌ文化振興法の意義とアイヌ民族政策の課題〉，北海道大学アイヌ・先住民研究センター編，《アイヌ研究の現在と未来》（北海道大学出版会，二〇一〇），頁二一九。也許奥野是認為，常本身為憲法學家，既然能夠突破憲法第十三條個人主義的解釋，何以不能更進一步對於其他相關憲法困境做出解釋呢？

80 常本照樹，〈アイヌ新法制定への法的課題〉，《アイヌ語が国会に響く》（草風社，一九九七），頁九四。本文收錄於阿依努族第一位國會議員萱野茂「阿伊努文化講座」叢書中，可見並無人認為他的見解保守固陋。

81 事實上這些「和人」學者之所以熱心於阿依努族復權運動，都有其個人生命史的脈絡。例如上村英明教授就曾私下告訴筆者，由於國家政策的鼓勵，他的家族於戰前移民日本海外殖民地，戰後回鄉卻不為鄉里所容（認為他們是「叛徒」）。後來政府把跟他們境遇類似的一群人安置在成田地區，可是一九六〇年代日本政府為了興建成田國際機場，卻又打算把這些人逐出他們的第二故鄉，因此發生了激烈的三里塚鬥爭。上村在這樣的環境中長大，對於國家權力因此有著根深柢固的不信任感，同時對於被國家霸凌的社會弱勢總是不自覺的深感義憤。松名隆也有類似的家族史背景（他的祖父曾移民到阿依努族的另一個大本營

——樺太，也就是如今俄國的庫頁島），同時在他的大學時代，雖然是六〇年代學運的後期，但也正是日本國內少數族群（在日朝鮮人、琉球人、阿依努人）爭取人權的鬥爭時代。當時他雖因這些運動的高度政治性而不願參與，但是他自己的「北海道認同」畢竟是阿伊努民族鬥士萱野茂所啟發，日後終於走向阿伊努族復權的理論研究。請參見松名隆前引書，〈あとがき〉，頁二一五－八。至於常本照樹更是早在一九八四年開始，就參與了阿伊努族復權運動的理論架構。他曾經不諱言地指出：我們無法否定北海道大學在其歷史曾扮演過「殖民政策先鋒」的不光榮過去，因此如今必須坦承面對這段歷史，積極推動日本國內各民族的相互理解與共生。請參見http://www.cais.hokudai.ac.jp/aboutcenter/message/。

82 以人口為例，在一億三千萬總人口中只有不到三萬人，等於只占總人口〇．〇二%，也就是每一萬人當中只有兩位阿伊努族人。

83 吳豪人，〈臺灣人權發展的思想死角〉，《新世紀智庫論壇》（二〇〇五），頁六九－七八。

84 手島武雄，〈先住民族の権利に関する国連宣言－－その経緯、内容、意義〉，《部落解放》第五九〇号（大阪部落解放研究所，二〇〇七年十二月），頁七〇－八一。

第三章

帝國的「普通法」與殖民地的「習慣」

當最高法院認為，囚犯應該採取種族隔離政策，但許多管轄區底下並沒有夠多的東方人或美國印地安人，可以把他們分別關起來，又不會造成財務上的浪費。比如說夏威夷，只有兩個印地安囚犯，而我老婆的故鄉懷俄明只有一個囚犯是東方人。因此，法院宣布，印地安人和東方人應該被視為純種白人，待遇也與白人相同。

——馮內果（Kurt Vonnegut Jr.），《戲法》（*Hocus Pocus*）

在我們的法學教育裡，當某種法律被描述為「普通／普遍」（common / universal），而且具有可以片面否定其他規範效力的龐大力量——這樣的法律，通常就被認為是「偉大」的，「進步」的，而且被尊崇為一種「法系」。

當然，如果從被片面否定者的法律史經驗，反觀這些「偉大而進步」的法系，那麼這些法系之所以偉大，至少有兩種可能的原因。第一種可能，是因為它們在本質上真正的普通且普遍，毋須強迫，便能引人自然仿效。這種情形在人類歷史中非常罕見，大約只有羅馬帝國的市民法屬於此類。第二種可能，則僅僅是因為：它們是帝國的法律。這種「自命偉大」因而強迫中獎型的帝國法律，就多不勝數了。歷史上凡有帝國之實，甚至於哪怕只有帝國之志的國家的法律，都屬於這種類型的普通且普遍。

帝國型的法律及其仿效者，由於過分拘泥於普通且普遍，因此當他們宣稱「一個國家，一個法域＝國家主權之維護」，其實意味著國家對於法律的壟斷，並且往往伴隨著對於其他非「國家法」的全面貶抑、搜捕與圍剿。儘管法律初學者必讀的法學緒論裡面，仍然存在著包含學說、習慣、條理等可能的法源，但這些都是國家管控力量未臻全面的、十九世紀以前的遺緒。隨著統治技術的現代化，除了實力所不及，或者為了某些當下的特殊目的，國家承認學說、習慣、條理為法源的可能性日益縮小。而且縱使承認，也一樣在形式上必須納入國家法的架構中，成為國家法的下位概念，不可與國家法相提並論，分而治之。所以這種承認，並不意味著國家放棄了定義、解釋、以及最重要的——廢棄的權力。

「將原住民族傳統習慣納入國家實證法」——也就是國家所壟斷的立法內容——的構想，無論自覺或不自覺，正是從「普通法」邏輯所衍伸出來的「請習慣法君入甕」陷阱。其思考理路，乍見之下乃是出於一種難得的善意與謙抑，然而究其日後實際可能的發展，恐怕仍然無法擺脫前述的上下從屬關係。

一九九〇年筆者於張榮發基金會國家政策研究中心所刊行之《國策季刊》第四期中，即明白指出：臺灣原住民遭受現代國民國家近百年的掠奪與統治，已被納入市民法體系最下層位階，從而在政治、經濟與文化三者中均瀕臨同化＝民族滅絕的困境。而其中關鍵，正在於原住民傳統土地的全面國有化，以及隨之而來的，國家放任掠奪得來的原住民土地成為資本市場的商品。

在當時，法律人的知識基礎之中，既無法律史的縱深與法人類學的訓練，更無英美法自治理念或國際人權法存身餘地，因此面對此問題，縱使深知構陷原住民於如斯處境的國家權力之作為乃屬不義，但亦只能先追認現行市民法思維邏輯的合法性與正當性，並以此為基礎尋索補救的可能。如此受限的法律思維，所能提供的建議，無非就是呼籲放寬物權法定主義，比照日本民法入會權或我國民法祭祀公業之規定，讓原住民的土地所有權回歸一定程度的集體所有。[1] 易言之，便是仍將原住民土地權的受侵害狀態視為一種現行法秩序之下的特例，雖然承認其權利受侵害，但回復其權利的方法，仍不得踰越或「危害」市民法的基本邏輯設定。因此法律人必須證明：（一）現代市民法依其法理，物權有可能不僅保障個人，亦可能保障集體；（二）現代市民法依其歷史，對於集體權的保障已有前例；（三）此一例外規定的創設，對於現行物權法秩序（乃至於一般法秩序）將不會有顛覆性的影響。此時，關於（一）的答案即是德國民法第一草案的總有理論，亦即所謂日耳曼習慣法；（二）的前例即是前述的日本入會權或臺灣的祭祀公業。但是，（三）呢？

一個例外規定要如何才能不至於顛覆一般原則性規定？最重要的就是要限縮其使用範圍與使用規模。因此在嘗試以總有理論與入會權／祭祀公業的先例解決原住民土地權問題之際，既要保障原住民財產權，又不得侵害市民法基本法益（個人主義與資本主義／自由市場交易），最終便只能將其適用限縮到一個最狹窄的範圍與規模。一言以蔽之，就是限縮在現有的原住民保留地。

將「土地集體權的適用限縮於現有的原住民保留地」的法律邏輯，不言可喻的便是必須承認「原住民的土地權範圍僅限於保留地」的大前提，也就是承認現狀。但是，即使如此卑微的改革發想，在當時也從未受到國家權力的重視，甚至也不曾是法律界的通說，遑論落實。

未幾，隨著臺灣民主化的急速發展，本質性地重構臺灣原住民權利體系的各種思考與實踐也愈益蓬勃，並且隨著學習對象及典範的不斷擴大（從紐澳美加各國原住民自治法理到國際人權法），臺灣社會對於原住民權益保障的想像力也快速飛升擴張。而且，最重要的是，如今主導原住民權利保護典範想像與取捨的第一線倡議者，全都是原住民本身。儘管臺灣原住民的復權關鍵仍然在於土地所有權，但是此時所謂的原住民土地，已經不再局限於保留地。這一波原權運動，挾帶著英美法制與國際人權法的思想高度與現實可行技術，至少解放了「原住民＝可憐人＝統治客體」的固定觀念，化被動為主動，甚至於在二〇〇五年的國會，通過了《原住民族基本法》——較之《聯合國原住民族權利宣言》在聯合國通過（二〇〇七）居然還早了兩年。

如依照《原住民族基本法》所提示的遠景，則自此之後一切有關原住民族權益的法律制度（當然也包含土地權制度），其適用範圍應及於原住民各族之傳統領域。而且，傳統市民法（當然也包括物權法）也不再理所當然地在位階上凌駕依各族傳統規範為基礎所重構的各個原基法子法。到此為止，討論在現行民法體系中另行創設新物權，或者試圖以總有論、入會權或祭祀公業等現代市民法，為原住民土地權進行補貼式的正義，不但落伍，甚至顯得可笑。畢竟臺灣原住民族諸權利的回復與創設，已經不再屬於民法層次的問題，而是憲法乃至於國際人權法層次的轉型正義問題了。

不過，真正的情形是，目前我們看到的原住民族諸權利的回復與創設的現狀，卻證明了：「可笑」的其實是原基法。

原住民族土地權是民法物權篇的下位概念嗎？

一、被背叛的《原住民族基本法》

《原住民族基本法》等於是一套完整的憲法原住民專章，如能落實，對於百年來原住民族所受到的諸般不義與壓迫，可以一舉解消。無怪乎原住民菁英林江義在振奮之餘，竟然對日本的阿依努族大表「同情」，認為彼不如我。[2]但是該法最大的陷阱也在此，因為若果配套的二十二個子法沒有完成立法，這部基本法就只能用來「供奉」——了不起「釋憲」——而無法用來訴訟。果然，陳水扁在二〇〇四年總統競選期間提出的「準國與國的關係」承諾與立法院限二〇〇七年之前完成子法草案提交國會的要求，都被原住民族委員會以外的行政院各部會視為洪水猛獸，全力圍堵。

等到國民黨重握政權，自稱「原住民十三族總頭目」的馬英九所任命的原民會章仁香主委居然於二〇〇八年九月「赴立法院內政暨民族委員會施政報告，以『原漢尚有爭議』為由，撤回《原住民族自治法草案》與《原住民族土地暨海域法草案》，攸關原住民族最重大的『自治、傳統領域土地』法制化進程從此停擺，至今沒有任何進度」。總頭目政權因而被痛批「『總統馬英九』重重打了『市長馬英九』一巴掌」、「前朝停擺原基法　今朝踐踏原基法」。[3]直到二〇一八年，沒有一個子法能夠走出原民會，遑論立法，遑論司法實踐。縱使通過了語言法等子法的立法，讓原民會吹噓什麼「原基法配套法案達九成」[4]，真正核心的土地、海域、自治等關鍵法案，行政院其他部會根本沒有放行的意思。我們赫然發現：中華民國現行法之中最被輕視、最具點綴性格——易言之，最可笑的一部法律，就是《原住民族基本法》。而且，我們的研究者們，在這段時間當中，還不斷地辛勤生產無數先進而符合國際人權標準的原住民族權利理論與各國案例的傑出論文。而且，伴隨著這個充滿徒勞感的學術生產過程，甚至二〇〇九年還出現了一個（從原住民族遭遇國家一百年之後的）巨大的變局——莫拉克風災。從《莫拉克颱風災後重建特別條例》的施行與適用結果，我們發現了一個國家對於原住民族土地所發動的，嶄新的掠奪策略。從過去的以武力掠奪、以文明之名掠奪、以法律之名掠奪、以資本之名掠奪[5]，莫拉克風災卻代表了一個新的掠奪典範的分水嶺：以天災（環境保護）之名進行掠奪。環境保護原本是原住民族賴以對抗使用武力、法律以及資本所進行的國家掠奪的重要理論根據，這個理論根據如今卻淪入國家之手。使得「被統治者援引統治者邏輯進行抵抗」的傳統策略，整個被顛覆了。

造成原基法立法精神蕩然無存的臺灣政經社會背景原因，根據筆者的一貫見解，可以歸因於臺灣轉型正義的失敗，以及「轉型不義」的隨之僭起。

然而，改革或革命在形式上的「成功」記憶（在此即為原基法的立法成功），往往使人們產生誤解，以為改革的實質理念已經廣為國家權力所接受，因此無法或不願意面對真相——真相是：這個「成功」並不代表造成問題發生的權力本質已然被超克，而且「成功」的果實是極端可能被形式化、空洞化、戲仿化以及去實務化的。不接受這個真相，則所有的立論便全然奠基於「原基法之後」。但這卻無法解釋，為什麼這十四年來臺灣原住民族權利所受到的侵犯——八八風災災民入住永久屋「不得回鄉」的贈予契約、強制遷村、美麗灣飯店事件、尖石鄉高台水庫、東部發展條例、大農大富平地森林園區……等等，卻愈來愈「古典」，愈來愈「前原基法」，甚至「前兩公約」？

這是一個兩難，同時出現在理論與實踐兩個層次之中。原住民族固然不能放棄原基法、各國立法例以及國際人權法的高度，但這個高度的國內力道，卻完全不能被高估，甚至不可信賴。舉例而言，如果自上述的現狀認識，重新出發檢視原住民族的土地權問題，將會得到什麼結論？筆者的意思是，「解決」原住民族土地權的想像，如果暫時放棄堅持原基法的高度，回到一九九〇年的「低水準」——也就是將原住民土地權回歸到民法物權篇，是否更為可行？當然，這對不斷思索該問題，並且不斷更新學習典範的專家與實踐者而言，確然情何以堪。但是，「萬一」原基法的通過只是一個偶然（或者政治騙局），只是一場夢境，而且臺灣的國家權力（以及其技術官僚與法律人）根本跟不上原基法的立法精神，仍然只停留在一九九〇年的程度，甚至更不堪呢？

筆者坦承，這也不是筆者的選項。不過最近確實有一群可敬的法律人正嘗試這個做法。雖然，委託他們進行研究的，是原住民族委員會。也許可以說，多年推不出一個子法的原民會，已經慘痛到比任何原住民同胞都深知臺灣這個漢人國家的本質，以及傳統法界在原住民議題上的知識量，因此只好「出此下策」，「回歸原點」。無論如何，我們都應該回顧一下這個深具良心、卻注定失敗的研究計畫。以下筆者將檢視此一報告的期末報告，並藉以檢證：原住民土地權回歸民法物權篇的「古典」策略，經過了三十年之後，究竟有什麼進展。

二、民法物權體系修正論的「復活」？

從這份由原民會委託辦理，由臺灣原住民族教授學會執行（計畫主持人蔡明誠教授，共同主持人蔡志偉教授）的「原住民族傳統財產權納入民法物權之研究及條文研擬計畫」的期末報告[6]（民國一〇〇年六月三十日）內容看來，可知道該計畫的主軸雖然和一九九〇年以前的發想甚為相近，但是至少仍有兩點進步極多。第一點是適用範圍擴大，其所謂財產權的射程範圍不限於保留地，而暗含未來傳統領域歸還後的物權法秩序。第二點，因為強調原住民族的土地所有觀念與其文化態樣密不可分，因此跨領域的法人類學的田野調查，便占據研究計畫的最大部分，不受傳統法學方法論局限。這兩個特色顯然均拜九〇年代以來二十年相關議題知識量之自然累積所賜，因此深度與廣度亦非一九九〇年那種消極的補貼式正義思考所能望其項背。

不過，也因為這兩個特色的存在，所以很可能在一開始就預示了此計畫的敗北。因為這兩個特色之所以能夠成立，正在於該計畫的中心思想完全依照原基法的精神。而如果原基法的精神與物權法的精神，是完全對立的呢？

就第一點而言，既然適用不限於保留地，就表示傳統領域是存在的，其歸還原住民是可能的，也就表示原基法的方向是正確的。那麼直接將劃定疆界之自治法與土地海域法付諸立法即可，何須硬要與物權法產生交集？如果說，這是因為現實上土地海域法走不出原民會，不得已要在技術上利用物權法借屍還魂，則不但一廂情願（畢竟資本主義法制專家們，要識破如此陽謀何難之有？），而且就與第二點的問題相連結了：假如田野調查的結果，證明原住民傳統財產權習慣，與現代市民法物權思想的對立遠大於交集怎麼辦？假如這種習慣法物權的創設，和民法第七五七條修正理由「習慣形成之新物權，若明確合理，無違物權法定主義存立之旨趣」相違背的時候呢？

這份報告建議的民法第七五七條修正理由清楚點出，物權法定原則目的在於「為確保交易安全及以所有權之完全性為基礎所建立之物權體系及其特性」、「促進社會之經濟發展」——說穿了，就是資本主義市場的交易安全性，以及具有商品交換價值的所有權才值得保護。那麼堅持「土地擁有人，非人擁有土地」、「土地不是商品，而是民族與文化安身立命之所繫」（而且還不甘滿足於只適用在保留地）的原住民傳統規範的原住民習慣，怎麼可能長久（暫時廁身也不行）寄身在物權法裡，純然做為一個「新物權秩序法律未及補充時」的填補概念呢？

其實，從本計畫的「計畫緣由」之中，就可以很清楚看到這個回歸物權的構想如何矛盾叢生自我作繭了。「緣由」最後一段如此寫道：

為實踐《原住民族基本法》承認原住民族土地及自然資源權利之規範內容，實有盡速研擬原住民族傳統財產權納入《民法》物權之必要，使基本法建構之「原住民族土地及自然資源權」權利制度得以具體落實。（「期末報告」，頁三）

為什麼「實踐《原住民族基本法》承認原住民族土地及自然資源權利之規範內容」，就有必要「盡速研擬原住民族傳統財產權納入《民法》物權」，而且如此才能「使基本法建構之『原住民族土地及自然資源權』權利制度得以具體落實」？這兩者不但沒有因果關係，反而是因為原基法所標榜的文化秩序，不見容民法物權所標榜的經濟秩序、一國一法域的政治秩序，以及強烈的同化主義秩序，所以才長年以來始終被排拒於民法物權體系之外。

本研究旨在藉由重建原住民族傳統習慣規範體系，進一步探究現行物權法律體系與原住民族傳統土地規範制度的互動關係，尋求兩種價值體系的互補、並用與調適，並從社會形成原住民族傳統文化、習慣與價值體系中，衍生法的確信而具有合法性及實效性之習慣法地位。（「期末報告」，頁三）

這一段更是一廂情願到了掩耳盜鈴。原住民族傳統規範，從一開始就是現代國家權力要排除的對象。而享受民法物權保護的前提，更必須同化成為公民，放棄對本族規範的認同。因此，又要保持原住民身分認同，又要置傳統財產規範於民法物權的保護傘之下，正是典型的緣木求魚。即便是一九九〇年的卑微發想，保證在最小範圍內成為物權的補充概念／下位概念，也都證明是奢望了。因此傳統規範與物權法規範，不但在歷史上沒有「互動」而只有單方面的壓抑、排除或不承認，更從來不是兩個對等的價值體系，如何「互補、並用與調適」？如何讓漢人占據九八％的「社會」形成什麼對原住民傳統規範的「法的確信」，而且還賦予其「具有合法性及實效性之習慣法地位」？

其實，正是因為兩種規範不能「互補、並用與調適」，只能「各自確信，彼此獨立」，所以才有原基法。也正是接受物權法規範的漢族不願承認原住民傳統規範的合法性與實效性，所以原基法才走不下去。說得更白一點，原基法才符合進步的普世人權理念，資本主義的現代市民法理論反而是全球化浩劫的元兇，是落伍且極具侵略性的法思想。兩者並尊已嫌失衡太過，為什麼原基法非得屈居下位概念？由於一開始的設計就出現原理性的謬誤，因此這個委曲求全的研究計畫，也就注定必然以失敗告終的結果。唯一的成果，是「歸納整理／分析整理目前已完成調查之十族原住民族傳統土地習慣規範之權利概念與類型」。但這個成果只能用於制定原基法子法，形成原住民族自治區才有意義，若用於「與現行『民法物權篇』之比較對照」則只有比較法研究的意義，遑論「研究其納入民法物權篇之可行性及方式」，更遑論「條文草案之研擬」。[7]

三、法學家的真心話：「專家學者及原住民族代表座談會」

此外，就細節而言，計畫的切入點既然是藉由修正《民法》第七五七條規定：「物權除依法律或習慣外，不得創設」，也就是「習慣法物權」之創設，冀望放寬傳統物權法定主義的僵化。易言之，則所有的立法可能性均以不違背現行物權法為第一原則——至少形式上不違背，或利用物權原已內包或可能涵攝的各種法律解釋，將與物權法極不相容的傳統規範「解釋」成相容不悖。可是，要做到這一點，則傳統規範的田野調查的重要性，便遠不及在物權法理論上說服實定法學者。相對的，只有實定法學者的背書，才能至少在理論上證明原住民傳統規範可以列入「習慣法物權」。問題是，有多少物權法專家願意背書？

從「期末報告」中兩場「專家學者及原住民族代表座談會」的紀錄，就可以看出一個共同現象：與會專家學者都很友善，都很同情也願意貢獻所學以解決原住民族在財產法上的困境；與會原住民族代表也能感受專家學者的友善，所以也就侃侃而談自族困境之所在。但是，光憑這種友善的氣氛，就想要說服法律專家接受「原住民族傳統規範成為實際可操作的物權習慣法」，得到的反應都消極而充滿疑慮。至多回歸到一九九〇年的水準，翻來覆去的談總有論、祭祀公業或入會權，甚至認為乾脆還是回歸特別法（也就是原基法子法）較為實在。而且，除了計畫團隊成員之外，座談會的專家學者雖均為一時之選的物權法專家，卻也都從未在原住民法制上曾有任何著墨。因此面對原住民代表的侃侃而談，均無法回應。唯其如此，其直覺反應更顯真實。試摘錄數則如下，即可知筆者之言並非無的放矢。

陳榮隆教授：

「老實說，對於七五七條的通過，地政機關是非常非常地保守，連最高法院也非常非常保守，因為根本沒有做過田野調查，所以它毫無依據去判斷。」

張永健助研究員：

「如果原住民相關立法可以通過的話，基本上即使民法動不到，即使是以特別法或法理，都可以去優先適用原住民的法律而不是適用物權法。」

「當法律說『另有習慣可以推翻物權』的時候，問題是法律並沒有承認任何習慣。」

「我從剛剛看起來，好像所有原住民的所有權的概念都跟一般民法的規定不太一樣……在美國，聯邦政府或州政府跟印地安人部落之間的關係，是國際法上的關係，這有憲法的依據。……那是公法層面的努力，光是物權這部分可能還不夠。」

鄭冠宇教授：

「事實上，我一直在考慮是不是應該用總有的概念，以總有的概念去爭取，可能才是一個正確的方式。」

「總有一個重要的概念，大陸也有，它是沒有這個村民的身分，就沒有了……大陸的總有就是把整個村的資源都集合在一起的情況，應該要朝這個方向思考。」

陳榮傳教授：

「我個人覺得把習慣做為物權法的法源，它本身是危險的。那之所以危險是因為不確定性和不穩定性。……如果我們是在想祭祀公業的權利……我想它也不是那麼穩妥的方法。」

「民法的觀念是一個交易機制，基本上是做為商品交易的權利。那原住民族，就我的理解，是共有的，我們不是要竭澤而漁，我們是要讓山林河海永續存在，我們要的是跟它共生共存、永續共榮的機制。這其實跟民法設定所有權、設定用益物權、設定擔保物權去讓它成為多種交易的可能性。我的理解，原住民不是用這樣的概念去看待民法所謂的財產的。……我認為也許不是在物權中把它開闢成一種新的物權類型，因為一旦開闢成一種新的類型，其實就準備交易了。」

「所以我的結論是特別法，我的結論是恐怕不適合落在物權的某一種權利之中。」

吳從周教授：

「我們從七五七條說習慣可以創設，立法理由是說習慣法可以創設物權，習慣是沒有創設物權的。」

「我其實也希望說不要在現行法裡面做……如果你放在民法裡面，通常法官會認為說這個是民法財產權的一部分，它還是會被民法傳統所拘束……（如果是創設）特別法是不是，他就拿來用了，他想特別法當然要先用啊，特別法優於普通法嘛。」[8]

總之，座談會的專家發言，只是更證明了「原住民傳統財產權回歸民法物權」的困難度，無論理論與實務，乃至於所需時間，恐怕均不在直接訂定原基法子法的困難度之下。尤其當其野心不願被一九九〇年的卑微要求拘束之際，更是如此。

除此之外，為求實現前者理想所必須跨越的眾多門檻之中，有一個特別令人無比生厭的說服工作：不但要重新討論汗牛充棟老掉牙的十九世紀的德國總有論、二十世紀的入會權與祭祀公業，從專家學者發言的弦外之音，我們恐怕還得取法乎下，把中國農村集體所有權的總有性質也拉進來湊數——雖然沒什麼不可以，資料取得也很容易，但這樣就又落入「原住民族傳統財產權為（且只能為）物權的下位概念」的套套邏輯裡面了。如此一來，原基法與國際原住民族權利的先進法理，究竟要等到何時，才有實踐的可能呢？

四、一線生機取決於法律人如何接受典範轉移

儘管如此，其實座談會的過程或許也可以視為是「原住民餵食（啟蒙）法律專家大量的法人類學調查結果」的過程。換個角度而言，如果不執著於屈居物權法下位概念，則本計畫的田野調查以及跨領域的解讀，乃至於國外立法例的完整介紹，反而是一個讓

法學專家明白原基法何以重要、現行民法何以不足的大好良機。在上述的座談會紀錄中，我們便可見到一個有趣的現象：原本應當（雖然未必有意）以傳道授業解惑者的身分出現的法律專家學者，在接受餵食的過程中不斷瞠目結舌，不得不自承無知，從而放低姿態。而且因為發現原始設定（將傳統規範物權化）根本不可能，所以對自己的物權法知識得以為原住民解套不再信心十足，間接地放棄實定法至上、物權壟斷主義的固定觀念。試看這一段對話：

蔡志偉助理教授（計畫共同主持人）：

「之前已經做了十族的傳統習慣調查了，但是因為太人類學了，實務界其實很難理解。」

蔡明誠教授（計畫主持人）：

「可能因為太學理了，很難轉化成法律語言。」

鄭冠宇教授：

「因為那看了真的很困難，光看那圖表我看了頭就昏了。」

陳榮隆教授：

「所以我建議你們這個小組，可以去把那些轉化成法律語言。」

鄭冠宇教授：

「這樣如果做出來的話，也可以雙軌，也可以弄個特別法也沒關係。」[9]

什麼圖表這麼難，難倒了以艱澀專門術語著名的法律學專家？其實不過就是一個計畫團隊編輯整理的「傳統社會規範：祖靈信仰的世界觀與ＧＡＹＡ的社會規範」[10]示意圖耳。社會學或人類學家一看就懂的圖表，何以法律專家退避三舍？原因無他，基本價值與構成要件太過於南轅北轍。法學家無法理解「祖靈／有山林智慧老人的話／身體（良心、內臟、人）／如果行為毀壞ＧＡＹＡ，則身上的靈utux被汙損與墮落」，就如同原住民也無法理解「物權法定／個人財產權絕對／商品交易安定性／土地＝資本＝利潤＝權利」。兩者之間的巨大落差，恰恰反映了原基法基本論述與物權法基本論述之間的巨大落差。

其實，研究團隊如果夠敏感的話，應該發現甚有機會使實定法學者專家轉而承認與支持原基法精神。換個說法，就是讓法律專家知難而退，承認現行市民法體系不足以涵蓋原基法，瞭解物權體系無法越俎代庖收編原住民傳統規範。這原本是原住民識者之間的常識，但很遺憾的，卻非臺灣實定法學者與實務者的常識，而後者居然掌握了臺灣法律解釋的權力！這個不平衡的知識與權力構圖，其實在原基法制定之際就存在了。所以原基法與其子法之所以孤立無援，雖然主要原因來自轉型不義的阻撓，但其理念缺乏法律解釋者的奧援，純靠一時政治正確的僥倖過關，亦是不爭的事實（原基法的制定，有多少實定法學者參與？）。克服臺灣的轉型不義，並非原住民族可以完全掌控，但獲得法律解釋者的奧援，卻可事半功倍，絕不可等閒視之。

現代市民法與「習慣」：一個殖民戰略的回顧

「將原住民族傳統習慣納入國家法」——這個良善的構想，最終將違反設想者初衷，落入一種徒勞的「善霸主義」。

在原基法架構之下，討論在現行民法體系中另行創設新物權，或者試圖以總有論、入會權或祭祀公業等現代市民法，為原住民土地權進行補貼式的正義，不但落伍，甚至顯得可笑。可是現實上真正可笑的卻是原基法，因為這是一部連立法者以及行政權都無心遵守的空殼子法律．正因為如此，實務的法律人才不得不重新著眼那些落伍過時的市民法概念。但是其舊瓶子（民法物權理論）裝新酒（原住民傳統規範）的苦心孤詣，終究無法自圓其說，而且最終也無法哄騙目前僵化的司法權、怠惰的立法權，與純資本主義思考的行政權。

筆者曾思索，與其多費心力卻陷入兩難，不如再度在知識上強力證明「那些市民法概念」的落伍過時或比擬不倫；證明原住民傳統財產權問題的解決，除了老老實實地遵循原基法，別無其他取巧出路。而要證成這個假設，也許就有必要再次檢視總有論及入會權，甚至迎合目前的潮流，將中國的物權思想與實務，也列入比較研究的對象。

然而，這畢竟是一種「取法乎下」的嘗試。因此事隔多年，始終態度消極，遲遲無法落筆。結果，只留下一張未完成的圖表，嘗試說明臺／日／中三方的立法例何以無法彼此適用。

筆者在此保留這張未完成的圖表，聊以表達此種曾經幻惑筆者思路三十年的方法論

的荒謬。(見次頁)

對於走不通的路，最明智而簡單的方法就是放棄。二〇一六年原民會率團赴中國參加所謂杭州文化創意產業博覽會，卻遭到中國政府以政策上不承認「原住民族」，必須以「少數民族」之稱呼代之[11]的風波，無意間為筆者放棄上述方法論強力背書。畢竟，對於一個悍然拒絕《聯合國原住民族權利宣言》的落伍國家，有什麼值得學習的呢？何況，在知識上強力證明「那些市民法概念」的落伍過時或比擬不倫，還有很多方法。

筆者準備提出來的，是放棄實證主義法律史的取徑，改從法律思想史切入，以證成「現代市民法史上，凡肯認習慣入法的法律帝國，都有其殖民戰略的考量」。而既然出於殖民戰略，道德上當然缺乏正當性，法理上必然有致命破綻，因此理所當然應該被解殖、被揚棄。

有一個非常耐人尋味，但在臺灣很少被提起的例子，發生在日本。

二十一世紀初期，日本的法社會學學會以異常隱晦而曲折的手法，進行了一場對於自己學術歷史的全面「反逆」：他們將二〇〇四年該學會的論文新人獎「日本法社會學會獎勵賞」，頒發給一位仍在京都大學就讀的博士班研究生久保秀雄，以彰顯其論文的重要性。[12]在這篇標題為〈論現代法邊境中關於「文化性他者」的知識累積——後

	入會權（日本）	集體所有權（中國）	法律規定
權利主體	入會集團	農民集團	
權利主體的種類	1 部落＝入會集團 2 部落內入會集團	1 村農民集團 2 村內農民集團 3 鄉鎮農民集團	
管理主體	1 部落＝入會集團 2 入會集團	1 村民委員會、村經濟組織 2 村民小組、村內經濟組織 3 鄉鎮集團經濟組織	
權利主體的性質	以村（部落）為基礎的地緣性自然共同體	以生產小隊為準的地緣性自然共同體、以生產隊為主的地緣性共同體	
成員資格	依習慣或集團之決定 ・由每一戶繼承 ・分家或移居者資格由習慣或集團決定	依習慣或集團之決定 ・由每一戶繼承 ・男性子孫當然為戶。其他依習慣或集團決定	無法律規定
集團的權能1	決定入會地使用方法、使用限制		
集團的權能2			
集團意思決定方法			
成員的單位			
成員的權利			
成員的義務			
成員資格的喪失			
利用型態			
成員利用權的根據			
成員之間利用權的讓渡與轉借			
成員外利用權的讓渡與轉借			
收益金的利用方法			
徵收補償金的分配			

（製圖未果者：吳豪人）

殖民批判的法社會學〉（近代法のフロンティアにおける「文化的他者」についての知——ポストコロニアル批判の法社会学）[13]的論文裡，久保兇悍異常地總結了日本法社會學的歷史，乃是一種「現代法自我擴張版圖到前現代法殖民地的歷史」，而戰前戰後日本（市民法）法社會學的兩大宗師——末弘嚴太郎與川島武宜，則是不折不扣的現代市民法帝國的忠實執行者。

凡是熟悉現代日本法律史者，應該都會因為久保的斷言而瞠目結舌。畢竟末弘與川島，乃是日本戰前戰後最重要的民法／法社會學大師。末弘嚴太郎是日本「大正民主」時期最重要的自由派法學家，除了本行的民法之外，也積極參與社會運動，廢除了《治安警察法》第十七條禁止勞工團結權的惡法，更是判例研究、勞工法與法社會學的先驅——就是他第一個引進艾爾利希（Eugen Ehrlich）的活法理論。而川島武宜，則在戰後百廢待興的日本，建立「做為科學的法（社會）學」，釐清與剔除導致日本走向法西斯的、社會中殘存的前現代思想，幫助日本的司法改革真正走向現代化，也讓摸索如何成為一個民主國家的新興日本，得到堅實的社會與法律基礎。這樣的一對人傑，何以在久保的眼中，卻成了現代法體系的鷹犬呢？

然而久保的論斷，卻也絕非無的放矢。原因就在於末弘與川島的學術生涯中，都曾經有過以國家法的立場接觸、研究前現代社會（包括殖民地與本國）習慣，並試圖入法的經驗。而且這些經驗，對兩者崇高學術地位的建立，都非常重要。或者說，以兩人為代表的日本法社會學的存在本身，同樣是建立在這場現代法拓展殖民地疆域的戰役之上的。舉這兩位名人為例，不過是方便讀者進入情境而已。

久保的論證，簡述如下。

川島在美軍占領下的一九四七年領導創設了日本法社會學會。該學會在其成立宗旨中指出：

> 如何克服日本的半封建／前現代的現狀，創造出西歐現代型社會關係？特別是，占領軍發動的由上而下的法律革命，果真能夠克服日本社會舊有的缺陷嗎？變革支持法西斯天皇制及其社會基礎的社會關係與行動模式，才是法律現代化的關鍵所在。[14]

久保認為，日本法社會學會的成立宣言，說穿了就是要「讓現代市民法浸透到日本社會的每一個角落」。所以法社會學學會成立之後的首要之務，就是大規模地調查農村、漁村、傳統家族的習慣等「阻礙現代法原理的封建生活原理」。因為這些習慣無視於現代國家實證法律的存在，仍然以「活法」的型態，肆無忌憚地通行於民間。然而國家（以及占領軍）對此，卻非常缺乏瞭解。有鑑於此，日本法社會學（＝川島）之所以大舉研究習慣，目的就是為了斬除這些習慣，或者招安這些習慣，並將之納入現代法體系（＝國家法）的疆域之中。而他們的「努力」，得到占領軍與國家高度的讚賞與經費補助，自不待言。

然而，「撲滅／招安活法」的發想究竟從何而來呢？久保說，其實這套方法論，早在「法西斯天皇體制下，甚至是戰爭體制下」（也就是戰前）就行之有年，並非川島的原創。這就該上溯到末弘了。

一九三九至一九四四年，在日本軍部主導下，由末弘主持的研究團隊，對占領區進行了一連串龐大規模的「中國華北農村慣行調查」。慣行調查所得的龐大田野實證成果，讓末弘確立了他的法社會學理論的科學性，也正是戰後川島法社會學團隊在國內「活法調查」的方法論基礎[15]，甚至被戰後日本法社會學界譽為「做為社會科學的法學的濫觴」。[16]

因此，久保認為，戰後「現代化知識系譜」的源頭，正來自戰前「殖民地化知識系譜」；兩者共通之處，都是在「與前現代習慣＝異文化相對峙」的「現代法邊疆」上發展、茁壯的。易言之，兩者的學術生命，都建立在殖民帝國的現代法知識體系上，無論是殖民他國，或者做為美軍（美國）價值的代理人而進行國內殖民，本質均不變，具有歷史連續性。「先認識，再決定無視、撲滅或招安」習慣的標準作業程序亦然。

在此，我們必須要瞭解，久保並不是單純批判具體的「帝國」——當時的英美歐陸各國，他批判的是更為廣義的現代市民法體系帝國的意識形態。該獎審查委員會主委棚瀨孝雄，便在得獎理由中為久保補充解釋道：

在「世界史的普遍性」言說結構中的文明／邊陲二元論，具備了兩種特性：將自我主體化，以求躋身「文明」的衝動；將自我的「文明」播散到邊陲的傳教士熱情。法社會學無論在戰前的殖民地化，或在現代化＝「內部殖民地化」的過程中，都曾經對「如何透過由上而下的法律革命達成現代化」的課題，提供了文明化所需的「關於邊陲的知識」，同時藉此安身立命。法社會學馴養這些現代法的化外之地（文化性他者），並將之編入文明統治。因此在無意之間，也擁抱了（文明統治）固有的權力性格。[17]

久保便是認為祖輩們有意無意地都無條件接受了這個文明論意識形態，甚且為這種現代法體系帝國的意識形態充當馬前卒而沾沾自喜。所以——非常即時地搭上了時髦的學術流行——他援引傅柯「知識即權力」的理論，以加持其論證。其實他的論文最不公平之處就在這裡：以今非古，強迫古人懂得傅柯和德希達。他不是做歷史分析，他做的是歷史裁判。他明明知道，「脫亞入歐」（甚至於脫非／拉美入歐）在十九、二十世紀，是唯一而且最進步的選項。縱使當時的日本帝國開始思索「現代的超克」，甚至於走上大東亞共榮圈的自我毀滅嘗試，其方法論也無法脫離現代法的邏輯。[18]

持平而言，久保論文的論述並不精緻細膩，批判主軸也失之單調（非後現代即後殖民，不是德希達就是傅柯）。對於習慣「先認識，再決定無視、撲滅或招安」，也不是始於末弘。岡松參太郎在臺灣所做的大規模「舊慣調查」、「番族慣習調查」以及「臺灣民法」構想，才是真正的祖師爺。[19]而且說到「先認識，再決定放任、撲滅或招安」習慣，也不是法（社會）學家所能專擅的。現代人類學的興起與殖民主義的密切關係，比法學嚴重多了。現代法內含的擴張主義，對法學本身而言只能算是一種附加價值，對於人類學卻是生死大事。[20]

何況，批判川島也還罷了，筆者尤其不以為然的，是他對末弘的苛求，近乎誅心之論。當然，就一個博士生而言固然已經難能可貴，但是他對於「祖師爺們」的批判，並非（日本人擅長的）「批判性超越」，而是全面的否定。這在首重學術傳統／傳承、近乎師徒制般保守的日本學術界，實在是一件難以想像、離經叛道之舉。甚至在不分左右均拒絕對戰爭責任進行轉型正義檢討的日本社會而言，也犯了最大的忌諱。「正常」情況下，若非遭到封殺而被束之高閣，就算登上期刊，也必招來各方圍剿，斷送學術生命。然而他的論文反倒獲獎，可見這股對傳統學閥的反撲之勢早已蓄勢待發，不過藉由一個學雛的青澀作品試試水溫而已。[21]

不過，這些都是題外話，對本書及讀者並無意義。而且大體而言，筆者接受他對於現代法體系的帝國主義特質的描述。除此之外，另一個重點反而在於：由於這篇論文的勤於舉證，意外地給予我們這些同屬「法律繼受國」的第三者，一個重新檢視反思歷史經驗的機會。在這些段落，久保論文則非常具有啟發性。

例如，他提到末弘調查的「政治性」。[22]末弘曾說，像中國這種政治力未能全面滲透到民間的國家，縱使存在著現代法令或法院，但因為民間社會自有一套行之已久、充分具有安定性及效力的習慣，結果政治力的作用總是流於表象。因此他建議那些在滿州國的同胞們，要努力研究認識這些習慣，不可等閒視之，並善用於（殖民）政治統治上。而川島承繼末弘路線，只是轉而運用到國內。久保痛斥這種研究乃是將政治學、法律學貶低成具有目的合理性的「實用科學」，並將「文化性他者」收編於現代法體系麾下，以形成「壟斷領域統治權的中央集權型主權國家」。這個說法倒是很有見地，因為這透露現代法體系的招安，（借用黃居正教授批判大法官釋字七一九號的用語）根本是一種「限時同化理論」[23]——習慣入法（招安）是權宜之計，等異文化他者臣服了、被同化了，自然可以翻臉不認人。

限時同化理論的反面，其實就是政治力不足。否則依照現代法體系自我擴張的邏輯，明治維新之後的日本，最需要優先處理的，應該是調查研究本國的「舊慣」。但日本卻不此之圖，反倒從殖民地研究起（岡松的臺灣，末弘的華北）——掃蕩本國舊勢力政治風險過高，殖民地則可以為所欲為，毫無禁忌地試行錯誤。

另一方面，川島的活法研究就更露骨了。因為他預設的前提是「活法＝習慣＝封建社會法制」，「現代法＝國家法＝進步社會法制」，所以活法研究只是為了將封建社會變革為進步社會。這種對於「活法」的理解，與筆者所瞭解的艾爾利希活法理論，實在無法相容。久保批評川島的理論把「法律應該配合不斷變動的社會實態」與「以法律變動舊社會」的兩種相互辯證的選項，強迫規定為「從前者到後者」的單向進程，而且兩者既不可並存，順序也不可逆轉。

當然，川島如此強詞奪理的活法解釋，在正常的學術研究與實務操作裡，遲早會被推翻的。臺灣最熟悉的川島名著《日本人的法意識》（一九六七）裡面的許多論證（例如日本解決紛爭的訴訟率遠低於美國，是因為日本人法意識、權利意識很低），到了一九八〇年代末期的法社會學界，就完全站不住腳了。甚至還有學者質疑，根本沒有「法意識」這種東西。[24]但是川島這些現在看起來「一點都不科學」的「科學研究」仍然深入社會人心，至今未失其影響力——很諷刺的，宛如他的理論成為他自己想撲滅的舊思想。這個現象的重要性正在於，他當年的學術正確，既是建立在當年的政治正確（無條件效忠美國）之上，也建立在當年的知識霸權的政治正確（無條件效忠美國所代表的「現代法體系」）之上。這個現象，關心臺灣原住民族法律權利的法律人，想必毫不陌生吧。臺灣或許有（雖然極為小眾）正常的原住民族法律的學術研究，但對包括大法官在內的實務界而言，這些研究成果「並不存在」。

如果，我們把臺灣的國家法與臺灣原住民族的傳統習慣之間的關係，代入久保筆下的末弘「慣習調查」與川島「活法研究」的邏輯裡面，得出的結果應該非常有趣，而且也應該非常接近原住民族的苦澀經驗。

藉由日本國家法的「習慣進出史」，以及其他汗牛充棟、在此不及備載的殖民地法律史的經驗[25]，我們得知：現代（市）民法體系，無論為何／如何「吸納」殖民地習慣入法，永遠充滿殖民權謀與算計；同時，在現代法體系如此的狡智之下，現代的法律人一旦試圖主導非市民法的傳統規範的生殺予奪大權，則無論是確信犯還是過失犯，無論是保存論、廢棄論或「涵攝」論，最終都只會導致帝國「普通法／普遍法」版圖的無限擴張。當然，這也意味著絕對弱勢的傳統規範，只能被動回應國家的善意或惡意，若非苟延殘喘，必然一蹶不振，根本不會有復權的可能。

現代法最講究法律安定性，然而講究法律安定性，正好證明了法律本質上就是不安定的。法律之所以不安定，未必全然是因為人為的破壞，也有很大一部分的原因，源自於這套法律本身在虛擬創設之際就存在破綻。因為有破綻，所以不安定。不承認自身的破綻，卻硬要「依法行政」、「依法判決」，甚至招安本質全然不同的習慣入法，豈非緣木求魚？馮內果曾說：「一切複雜的徒勞，源於無知。」原住民族傳統習慣入法的嘗試，恐怕也將只會成為源於無知的複雜徒勞。這一點，只要看看原住民族的狩獵權與動物保護衛突的假議題，居然可以唬弄這麼多專業法律人與執法人，就很清楚了。

其實，這種無知，是很容易可以克服的——國家法及其服侍者放棄主導權即可。中華民國的國家法及其服侍者，不會比日本高明（更不用提啟蒙主義與資本主義共生之後的歐美市民法體系了）。他們試了一百年都歸於徒勞，我們還要試多少年？

過去我曾經引用荷蘭的殖民地法大師福倫霍芬（Cornelis van Vollenhoven）深沉的反省：「荷蘭人為了荷蘭讀者所寫的書籍，並不能令得印尼的活法——Adat Law——更受人尊重。只有爪哇人的布拉克史東（Wiliam Blackstone），或巴里島的格勞秀斯（Hugo Grotius），才能完成這樣的任務。」[26]當時雖然談的是殖民地法的自立，但如今想來，更適合用於詮釋臺灣國家法與原住民族習慣的主從關係之上。

所以，最簡單的做法，就是給予原住民族最高程度的自治權，國家不要介入。自從一九一〇年理蕃政策起算，國家凡介入，就造成悲劇。**假使還有高人躍躍欲試，非要讓這兩者互相「涵攝」一番不可，那麼，就應該反其道而行，認真思索「國家法（帝國法）納入原住民族傳統習慣」的實現可能性**。雖然筆者強烈懷疑，臺灣國家法的上層菁英們，究竟有多少人有能力理解這句話是什麼意思。[27]

畢竟，對於生命權的尊重（死刑）、對於社會秩序的維持（修復性司法）、對於土地做為財產的意義（土地不屬於人，人屬於土地）、對於自然環境的保護（以貫徹《聯合國原住民族權利宣言》對抗全球化資本主義帶來的生態浩劫[28]）……筆者實在看不出來，標榜現代市民法體系的國家法，究竟有哪一點，可以勝過原住民族傳統習慣？

注釋：

1 對於物的所有權型態只能由法律規定，私人不准創設。這就是所謂的物權法定主義。前幾年民法雖然增設了可依「習慣」創設新物權的規定，但此處所謂的習慣也只不過是資本主義的商業習慣。總之這套物權理論，聽起來似乎很艱深很了不起，其實也不過就是偏袒資方（有土地／有能力將土地視為資本而利用者）的資本主義遊戲規則而已。是個很偏狹也很不正義的「主義」。所以遇到社會阻力，就經常開後門。日本的入會權和臺灣的祭祀公業，都是「所有權由不特定多數人集體所有，可世襲而不可分割，而且無關公益」的古老規範。但因為國家不敢和堅守這些規範的古老共同體對抗，所以承認他們是物權法定主義的例外。至於原住民族，已經被國家踐踏了一百年，國家當然是沒有開後門的打算了。

2 林江義，〈再思「先住民」？愛伊努族的名稱〉，《原教界》第十八期（二〇〇七），頁八—九。

3 原住民族部落工作隊、高金素梅國會辦公室、臺灣原住民族部落聯盟，「新政府執政周年原住民族成績單」，二〇〇九年五月。

4 https://www.cna.com.tw/news/ahel/201805080147.aspx。

5 吳豪人、黃居正，〈對市民財產制度的再檢視：由司馬庫斯部落公約到自然資源的歸屬〉，《臺灣國際法季刊》第三卷第一期（二〇〇六）。

6 以下簡稱「期末報告」。

7 本段楷體文字引自「期末報告」的計畫目標。

8 本段楷體文字引自「期末報告」，頁七一—一〇九。

9 引自「期末報告」，頁七七。

10 參閱「期末報告」，頁九。

11 http://news.cts.com.tw/cts/politics/201610/201610201811392.html#.WAj3-2C7p2E。

12 http://jasl.info/modules/shoreisho/index.php?content_id=1。

13 久保秀雄，〈近代法のフロンティアにおける「文化的他者」についての知（一）（二）―ポストコロニアル批判の法社会学〉，《法学論叢》一五三巻四号，頁九二―一一四；五号，頁一〇一―一二三（京都大学法学会，二〇〇三）。以下久保論文的要約，均引自於此。除非有特別必要，不另行加注。

14 久保前引論文（一），頁九二―九三。

15 川島雖然並未參加末弘的研究團隊，但是他參加了滿州國《開拓農場法》的立法。其時他發現到，滿州國制定的現代法典，與現實中流行於滿州社會的前現代習俗落差太大，因而開始對民間習慣的研究發生興趣。川島武宜《ある法学者の軌跡》（有斐閣，一九七八），頁一四四以下。

16 本段均為日本法學界通說，無加注解必要。

17 http://jasl.info/modules/shoreisho/index.php?content_id=14。括號內文字為筆者所附加之解釋。

18 大東亞共榮圈的國際法基礎「廣域秩序論」明顯脫胎於當時的國際公法理論。參見酒井哲哉，〈植民政策学から国際関係論へ：戦間期日本の国際秩序論をめぐる一考察〉，浅野豊美、松田利彦編《植民地帝国日本の法的展開》（信山社，二〇〇四），頁十五以下。

19 吳豪人，〈岡松參太郎論〉，《戰鬥的法律人：林山田教授退休紀念論文集》（元照出版，二〇〇四）。

20 參閱中生勝美，《近代日本の人類学史：帝国と植民地の記憶》（風響社，二〇一六）。

21 久保秀雄此後的研究主題與這篇成名作毫無關係（http://researchmap.jp/read0144654/），有違常理，耐人尋味。或許這次的「寧靜革命」，最終以失敗收場。

22 儘管末弘生前就不斷否認，他的研究目的是為了協助日軍有效統治華北，但是久保顯然完全不接受。

23 二〇一四年五月九日臺灣法學會原住民族法公共論壇「從釋字七一九號看原住民族權的憲法時刻」中，黃居正教授的發言。

24 和田仁孝，《法社会学の解体と再生》（弘文堂，一九九六）。

25 因為日本帝國的慣習調查，並不止於本文中所舉例的臺灣、中國華北或滿州國而已。這一套「先認識，再決定無視、撲滅或招安」的手法，已經變成隨著帝國擴張而不斷進行的標準程序。

26 前引〈岡松參太郎論〉。

27 看看大法官會議第七一九號解釋以及各意見書，即可思過半矣。

28 關於這一點的具體範例，可以參看娜歐蜜・克萊恩（Naomi Klein），《天翻地覆：資本主義vs.氣候危機》（林鶯譯，時報出版，二〇一五）的第十一章〈你和什麼人站在一起？——原住民權利和信守承諾的力量〉。

第四章 土地所有權的辯證法

「自然主權」——原住民權利自我實踐的國際法論述

有關原住民自治之聲，二十年前便甚囂塵上，似乎在原住民百年人權鬥爭史上出現了一抹曙光。然而，即便過了二十年，自治云云，依然紙上作業中，從未排入國家事業最優先討論的時程表。

從整個世界人權大勢觀之，原住民走向自治，甚至獨立，已經是天風海雨，逼人而來。其他族群無非裝聾作啞，意圖拖延而已。當然，被剝奪數百年法律人格的原住民自然主權的發動，勢將大幅減少既得利益者盤根錯節的「既得不當利益」，因此不可能一路坦途，毫無險阻。然而，純粹就「法即權利」的理念而言，則原住民欲圖保護自我權利，勢必需要一套法律規範做為自保的機制。然則，此一法規範，究竟應該採用現行法體系，亦或原住民各民族的傳統法規範呢？

顯然，這是一個複雜巨大的立法工程，無法三言兩語即能定奪。各族原住民在二〇〇二年與陳水扁總統簽署的「新夥伴關係」[1]，其中反覆出現的一個關鍵字，就是原住民的「自然主權」。

「自然主權」是一個英美法理念下純粹為原住民族而生的新名詞。過往的哲學、政治、法律思想史上，只有「自然權」與「主權」，從未見有所謂自然主權者。[2]自然主權是原住民族定義確立之後必然產生的後設概念。傳統的法律學者（尤其是公法學者），甚至政治學家，大概都很難理解，乃至於無法接受。

根據接受原委會委託進行自治研究的高德義教授的解釋，所謂「自然主權」定義如下：

> 自然主權強調原住民是臺灣最早的主人，擁有國家體制建構之前對這塊土地處分的權利，相較於當代民族國家意識形態所主張的絕對主權，這是一種「軟性」的主權觀，一個排他性較小、更為和平、包容的主權觀。……分析原住民運動中對自然

主權的說法，主要依舊是集中在行使土地利用的權利。[3]

這並非高教授的原創見解。「自然主權」原本就是原住民族試圖避免與主流社會直接對決，暫且不引用兩大國際人權公約第一條「民族自決權」而另創的妥協之計。英美法系國家的原住民族提倡此說已久，不過此處的問題癥結，其實根本不在「主權」，而是原住民的土地權，也就是市民法體系的核心價值——財產權。因此，主流社會如果真心打算平反原住民所受的歷史性不正義，就必然會遭遇一次徹底的財產權概念的顛覆，而且也唯有如此，才能真正計算出其所能或所願承受的社會成本。從陳水扁到蔡英文，歷屆對原住民族釋出善意的總統，都沒有搞清楚重點。如果說文化權、姓名權、參政權的釋放可以相對的「惠而不費」，財產權的釋放，代價可就非常大。十八世紀的法國，甚至因而引爆了一場大革命。[4]從陳水扁到蔡英文，歷屆對原住民族釋出善意的總統，都沒有搞清楚這一點。或者應該說：一旦搞清楚重點何在，沒有不懊悔龜縮，自食其言的。

黃居正指出：

幾乎所有關於原住民的人權議題……都是圍繞著財產權（property）這個最基本的核心概念而營造。美國與國協之原住民法或財產法中，對這款原住民財產權之保障或安排，已發展經年；然而在市民權利（civil right）結構都尚處於發展初期，兼以繼受法為財產法體系基礎的臺灣，卻仍視原住民財產權論述為一個另類或甚至錯愕的問題。[5]

的確，討論原住民自然主權並列舉一切可被慮及的權利，卻不仔細檢討財產權的問題，仍難免托爾斯泰的嘲諷，本質上永遠只是貼補性的正義。原住民的自治，民族法庭的創設，傳統規範的調查等等，都很重要。但是財產權的確認（例如這兩年最為大張旗鼓的「歸還原住民傳統土地」政策），卻等於對既得權的正面挑戰。原基法完成之後沒多久，筆者便預測：當「部落地圖」調查完成，政府也遵守承諾要將「傳統領域」歸還各族之際，有多少勢力將勃然大怒，誓死不從。比方包括與漢人地方派系關係千絲萬縷的平地居民權益促進會（簡稱平權會）[6]，或者臺糖、林務局、退輔會、國家公園等私人或公家機關。以平權會為例，他們是現實中的土地使用者、仲介者、承租人，甚至是所有權人。他們取得或使用土地是「合法」的——而且縱然是「惡法」，平權會大可辯稱，他們何須為百年來的殖民政策負責？同時，他們還是「選民」，而且人數可能比原住民更多。假設這些人的投票行為傾向於，或事實上習慣於投給民進黨（原住民容易被國民黨與親民黨等所謂泛藍政黨政治動員，至今仍是現狀），此時民進黨籍的總統與立委，便立即遭遇到政治承諾與政黨存續互相衝突的困境。

平權會以「現行憲法明文保障」，而且深入臺灣法律人信念的「繼受法為基礎的」、資本主義市場經濟的所有權理念，做為其權利主張的根據，其「適法性」無可懷疑——除非能夠顛覆現行法關於所有權的理念。僅就此點而言，筆者反而認為黃居正描述的「市民權利結構尚處於發展初期」的臺灣，對於排他性個人私有財產權的信仰，事實上可是根深柢固得很。至少筆者並不知道，有哪一個法院判例曾否決現行民法的私人所有權，而擁護「傳統規範」的集體財產權。[7]或許正因如此，所以即便「史上最積極」推動將傳統土地返還給原住民族的蔡英文總統，也遭遇她自己提拔的政務委員公然挑戰，主張「原住民土地集體權違憲」。這個挑戰理直氣壯，連法學博士總統也至今無言以對。

很可惜，或者說很幸運的（端看站在殖民者或被殖民者的立場而定），這個挑戰之所以「理直氣壯」，理由完全奠基在傲慢的無知／知識不更新之上。

市民財產權有什麼「神聖」？

既然財產權論述不解決，「自然主權」就出現一個無可彌補的大破綻。因此總結以上的提問與推論，我們或者可以將原漢財產權論述的歧異，視為「現代市民法體系」與「原住民傳統規範」的衝突。在過去，因應這類衝突的唯一辦法，就是不斷犧牲後者，最後終於將後者視為從未存在。然而這樣的殖民心態正是本文所謂的「歷史性不正義」的始作俑者。如今既然談「自然主權」，還能再度視而不見嗎？

其實，法律雖然總是給外行人「複雜難解」的印象，其實法律從來就不是科學，而是價值的取捨，是一種虛構。更重要的是，法律基本理念的原始設定，有時候還單純得令人驚訝。比方我們在此討論的「排他性私有財產制度」，現在我們固然視為絕對當然，甚至入憲；但證諸人類歷史，此制度卻毋寧是一種例外，不見得如何「神聖不可侵犯」。

現代所有權的基本特徵，可以歸納四點如下：

（一）所有權成為私法上的、經濟上的前提（公法性、封建性因素的稀薄化——簡單說就是歸於私人權利，不再歸於古老的共同體，當然也完全否定了「普天之下莫非王土」。）

（二）確立了對於物（財產）的私人管理與支配的排他性以及不受制約性（從身分制社會中解放。這就是有名的「從身分到契約」的啟蒙／資本主義的大勝利——當然，也因此暗含了「從契約回歸身分」的勞資階級鬥爭。不過我們抄襲來的民法、商法，都假裝沒這回事。）

（三）確立了自由處分權能（以商品所有在社會上的普遍化為前提。換句話說，就是用「對於物的自由處分權」，隱藏「所有權的目的不在鼓勵所有而在鼓勵消費」的真相。）

（四）隨著市場經濟的擴大與深化，使得勞動力所有商品化。[8]身體與勞動能力，原本乃人類最基本的所有物，現在也可以量化，論斤買賣了。

以上四點，毫無例外地源自西歐啟蒙主義時代自然法論中的所有權理論。從「自然狀態」（原始的共有狀態）做為整個推論的出發點，自由、平等的個人因為「先占」或「社會性的合意」（例如社會契約）而確認了該個人對某物的所有權。從格勞秀斯（Hugo Grotius）、霍布斯，到普芬多夫（Samuel von Pufendorf），無不如此「想像」。但是真正奠定這種所有權的「虛構」(fiction)的，當然是洛克。[9]

現代的所有權理念（個人對物的排他性絕對支配權），源自洛克的「勞動所有權論」。洛克主張，人透過勞動，使原本屬於原始共有之物，產生新的價值（財富與文化），從而取得對該物的所有權。值得注意的是，洛克顯然將這種勞動所有視為一種自然權。因為他甚至主張，國家的目的就在於「保障（廣義的）所有權」，包括自由、生命、財產等。易言之，國家權力（例如稅賦的課徵）未得市民同意，不得剝奪其所有權。因此國家只是道具，保障個人所有權才是國家存在的目的。[10]

個人所有權何以如此神聖呢？因為「原始共有物」雖是上帝的恩賜，但經過上帝最得意的造物——人類，積極地以「勞動、技術與思想」(labour, art and thought)加工之後，這些上帝所給予的素材，就產生更大的財富與文化價值。[11]而此種創造性的勞動，當然是上帝賦予人類的使命。再者，本處於原始貧困狀態的人類，因為善用創造性的勞動，目的還不在擴大物的價值，而是因此凸顯人類自身的價值。也因此當然必須被尊重，任何妨礙創造性勞動的因素，都必須徹底排除。由此觀之，洛克所謂所有權的神聖性，和新教倫理的市民社會論，顯然來自類似的宗教基礎。[12]所有權的「神聖性」雖然經過大革命的加持，然而不消一百年便光環失色。洛克為求人類財富的不斷增加與文化的持續發展，邏輯上自然會擁護資本主義／市場經濟的高度發展，最終卻造成了勞動與所有權分離（洛克道：「我的僕人所割下來的麥草……乃是我的財產〔property〕[13]」），從而被左翼大加撻伐。當然，以洛克身處的時代與知識量而言，指責洛克的所有權論早已過時，意義甚為有限。重要的在於：所有權或財產權在法律「技術」上縱使有著了不得的躍進，仍然不能遮掩其「本質」上做為一種擬制，一種虛構的事實。

與洛克「勞動所有說」針鋒相對的，是康德的所有權論。康德的法哲學繁複至極，且不同時期見解亦有變化。以下的整理，乃是借用三島淑臣的觀點，略窺其一斑。

康德法哲學的基本課題，在於解明人類如欲獲致「平等的自由」，應有何許社會性條件。他認為這必須分成兩部分來討論：

（一）公民狀態：即垂直的公共社會關係。此屬公法論的範疇，從略不論。

（二）自然狀態：水平的社會關係，亦即私法論。在此狀態之下，「廣義的所有權」又可分為：

1. 內在的所有：個人的平等、獨立、對自我身體與心智的完整支配權。

2. 外在的所有：即身外之「物」。

身外之物又可分為：

a　家族、身分等的結合狀態。家族和身分為什麼可以是所有物？現代人比較難以瞭解，因為這是封建／身分制時代的想法。比方說你的奴隸是「物」，但可以用錢「贖身」，就成了人，也脫離了你家千金小姐的頤指氣使。貴族頭銜或伴隨而來的特權也可以交易。連裁判權都可以抵押或賣斷。

b　他人的給付意志。

c　物（Sache）。

而只有c，才是現代法律所有權討論的處理對象。因此狹義的所有權對象，就是物。和其他啟蒙主義自然法論的法學者相同，康德對所有權的起源仍然從「自然狀態下的共有」出發，其次才進展到「個人的私有」。但個人的私有權，並不起因於「勞動」。若不問人與人之間的落差，則所有權第一階段就是：「個人之得以擁有其私有物，乃是法律的實踐理性的要求。」目的是為了獲得人類實質的自由。但是個人與個人之間必有落差，且面對有限之物，所有權必然出現競合現象。因此康德認為，「勞動」並非私人所有權的根據，而只是「先占」的對外表示的手段。所有權取得的原始原因，便是「先占」。易言之，洛克重視的是「勞動」，康德重視的則是「時間」，以占有的時間順序，來化解眾人所有權之間的競合問題。基於勞動，而對物發生所有權，對康德而言乃是荒誕不經的理論。何也？因為一切權利（包括所有權）均屬「人與人之間的關係」，而非「人與物的關係」——魯賓遜如果獨自一人在荒島生活，他要向誰去主張他對島上諸物的「所有權」呢？同樣的，「先占」之所以能成為取得所有權根據，只能在「單獨的先占意志，被包含在先驗（a priori）的、絕對的結合性命令意志」之下才能成立。一言以蔽之，所有權的成立，必須有市民普遍意志的承認才得以成立。[14]

康德的推論看似囉嗦，簡單說就是：所謂的「普遍意志」，就是一般所謂的「國家命令」（法律）或「社會通念」（社會契約）。但事實上正好相反，康德所謂的「普遍意志」，指的是市民各自的獨自意志的整體合致。可想而知，這種「理性總意志」，又非是「先驗」的不可。

筆者不敢妄加猜測，本文的讀者面對康德的所有權論有何感想。但至少筆者個人是驚訝不已的。康德的理論違反歷史事實，毋乃太過。怪不得他會將市民區分為「積極的市民」（具有營獨立生計之資產與能力的市民）與「消極的市民」（若不依存、從屬便無法存活的傭人、勞工、女性、兒童等等），而且只承認前者的市民權。[15]

現代所有權理論的兩大奠基者——「勞動所有說」的洛克，與「先占（時間）所有說」的康德，縱有學說史上的赫赫之名，而其理論的缺陷卻又如此明顯，連外行人都可以同時質疑洛克的「模仿上帝創世＝勞動＝所有權起源」，以及康德倒果為因的「積極市民（已經擁有財產者）才擁有所有權」——畢竟人世不是荒島，星期五的人數，永遠多過魯賓遜。可見私有財產制的「神聖性」，「想像」（並無不敬之意）的成分居多。如果不是資本主義市場經濟邏輯的強力支持，柏拉圖所咒詛的「私有財產制乃萬惡之首」的現象，恐怕不是民法的保護所能盡掩。

儘管如此，洛克和康德仍然是值得學習的偉大人物。康德在晚年挫折之餘寫下的作品〈關於「理論上正確，卻毫無實用性」的俗見〉中點出：

> 設想有一個人，居然擁有了自己無法親身利用的龐大土地——這種所有，究竟根據什麼樣的權利而來呢？

康德在此所欲批判的，是發動戰爭以進行的掠奪行為：以戰爭來掠奪，絕對不是

「先占」。[16] 此說擲地有聲。同理，以殖民掠奪而來的「成果」，既非「先占」，更非「勞動」。臺灣原住民百年來喪失的土地，就是被這種「連缺陷重重的現代私有權理論也不屑承認」的強盜行為所掠奪走的。

執筆至此，筆者必須重申，不厭其煩地請出洛克與康德，只為證明：**法律人對於西方現代所有權理論並無奉命唯謹的必要**。反過來說，對於「所有權」的各種可能形式不應心存定見，而失去廣闊的想像力，從而錯失了解決問題的機會。以筆者自身的研究軌跡為例：原住民的「還我土地運動」並非始於今日，早在一九八〇年代呼聲即起。當時筆者雖已完全同意其要求的正當性與合法性，但仍試圖在現行法理論架構之下尋求解決。第一個著眼點，就是祭祀公業的法律性質。其後在赴日留學的過程中，研究戴炎輝氏對祭祀公業的詮釋，發現戴氏的觀點幾乎完全承襲自日本學者中田薰。而中田薰乃是從德國學者馮．基爾克（Otto von Gierke）所謂的合作社（Genossenschaft）理論得到啟發，把江戶時代的地方村落的「入會權」視為德國日耳曼慣習法的「總有」（Gesamteigentum）。[17]

第二個階段，就是盡力去理解什麼是「日耳曼慣習法的總有」。簡而言之，所謂總有，乃數人對一物雖為共同所有，然而共同所有人的持分若非被否定，即是僅屬於潛在性的、不明確的權利。因此共同所有者基本上只有物的用益權，而對其持分並無處分之自由，也無請求分割之自由。[18] 如果轉譯為白話，就是：這塊地是我們全村的人所有，村人都可以使用。理論上每個村人都有他的一份，實際上卻不得變賣他那一份。為什麼呢？因為他只知道他有一份，卻不知道哪一份是他的。再說，大家都賣，咱們還算個村子（共同體）嗎？

本來研究至此，許多解決原住民問題的線索已經呼之欲出了，而此時筆者卻落入一種純學究式的趣味之中，尋索總有理論為什麼被排除在德國民法典之外，以及馮・基爾克的思想傳承。而這一追跡就追到了歷史法學派，然後便「悠然忘我而渾不憶初衷矣」。

「回復初衷」的契機，是百思不解：何以日本民法學，尤其是法社會學，自戰前至戰後，歷經中田薰、末弘嚴太郎、川島武宜三代，均反覆論證日本入會權與日耳曼總有理論之間的關係？現在當然完全理解日本人繼受西洋法，卻遭遇固有法與西洋法正面衝突時的困境。這種困境表現在公法領域時比較容易解決：菁英主導的新興日本國，自有一套顯教（天皇主權）密教（天皇機關）的雙重手法[19]；然而繼受私法時，固有法與西洋法的衝突就真是硬碰硬了。繼受法和固有法在所有權（財產權）理念的衝突，孕含著內戰爆發的危機[20]——比方說，國家只承認私有財產權與公同共有、分別共有，除此之外，均屬於「無法證明的所有權」——最重要的，當然是集體所有權——因此「只好」

收歸「國有」。然而，在過去的日本歷史中，絕大多數的山林原野，幾乎都屬於村落共同體的集體所有。新政府只用一部繼受法，便打算掠奪村落集體所有千百年的土地，豈有不引起強烈反彈之理（相較之下，日本在臺灣進行的土地掠奪，就肆無忌憚了）。如何在繼受法秩序之下，尋找與固有法的共存之道，就成為日本好幾代法學者的任務（或至少是一種正義）。而自中田薰以降，做法都類似：回到繼受的歐陸法中尋找類似的案例，而不是當下承認固有法。最後找到的，就是總有，以及被德國民法典吸納適用到工會、夫妻財產制、共同繼承的合有（Eigentum zur gesamten Hand）。[21]

為固有法尋找一個繼受法的外衣，以回溯地證明固有法的存在價值，這真是一場浩大的思想遊戲。但同時也建立了日本法社會學的學術傳統。反諷的是，這場「壯麗的思想周遊列國」的參與者（包括筆者在內），由於涉入太深，抑或限於學力，斧鑿之味太濃，居然都見樹不見林地「誤認」了總有是「純粹的日耳曼思想」。這樣的誤解不只是毫無根據地強調了「總有」理論的特殊與例外，更「反證」了「個人私有財產權制度的普世性」迷思。而事實卻恰好相反！排他性的個人財產權，在人類經驗的時空之中，純屬新興勢力；而類似「總有」的集體所有，卻「舉世皆然」，俯拾皆是。

集體所有權的再生

一、「所有權」的誕生——加藤雅信的所有權公式

加藤雅信在《所有權的誕生》(「所有權」の誕生)一書中，詳細檢討現代所有權無法涵蓋的游牧、狩獵、採集等人類社會的所有權制度之後，對於現代私人所有權概念的發生，做了簡潔的描繪：

關於消費財、非生產財，則所有權的機能在於對於物的使用權能的私人獨占。相對的，若是生產財，則所有權的機能除了對物的使用權能之私人獨占之外，還須保護對生產財所投入的資本，以確保投資的誘因，同時也可期待社會生產力的增加。因此，對土地完全不投入勞動或其他資本的游牧社會、狩獵採集社會便沒有土地所有權的概念。而僅投入些許資本的粗放型農業社會，則不是缺乏此概念，就是只有共同體的集體所有。私人所有權不是不存在，就是仍處萌芽階段。只有投入水田耕作等勞務以及其他大量資本的農業社會，私人土地所有權才完全確立。[22](參考圖1)

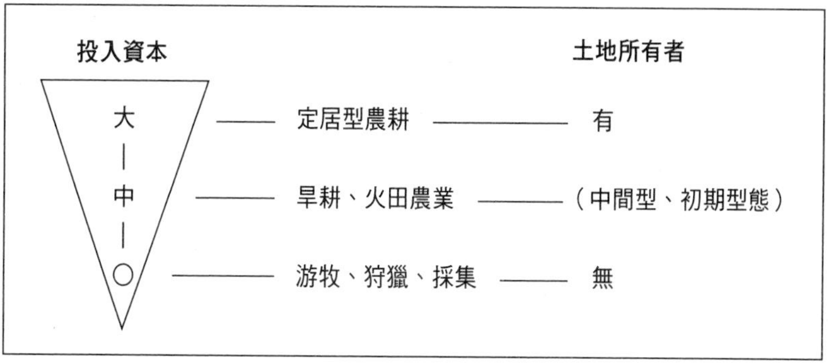

圖1　對土地投入資本與土地之所有權　（資料來源：加藤雅信）

加藤的說明，可以說所有權的強度（是否絕對排他）須視土地生產力而定。然而，在此值得注意的，是所謂的「中間型態」：在此型態中，私人勞務的投入，不但不能「有效」提高生產力，而且過度的放牧或濫墾濫伐，反而無法維持土地生產力的正常循環。因此，必須限定土地的利用只能由特定集團為之，而且其利用方式必須由共同體規範之。總有、入會權、集體所有權等等，因而產生。（見圖2）

勞務或資本，未必只投入於土地。因此投資於土地者，勢將主張土地所有權（農業社會）；投資於家畜等動物者，只主張對家畜之所有權（游牧社會）；投資於狩獵、採集者，亦只主張對獵物、採集物的所有權（狩獵、採集社會）。而對後二者而言，設定土地私人所有權，毋寧是最不利於該社會的生產傳統之舉。[23]

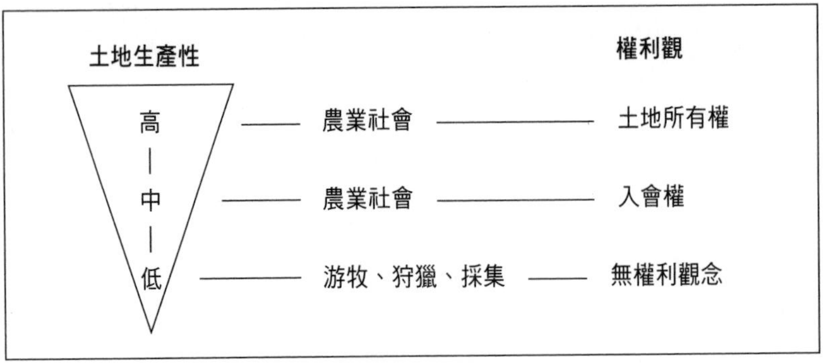

圖2　土地生產與所有權、入會權　（資料來源：加藤雅信）

我們在加藤雅信的分類中，可以看到許多臺灣原住民社會土地權利觀的蹤影。臺灣原住民在土地使用的傳統上，雖因族別而各有差異，然大抵上仍以承認私有為例外，而其集體所有均非民法上可任意分割的共有，接近加藤所謂的「中間型態」。

如果在憲法中承諾保障歸還原住民傳統土地，那麼這些被歸還、被保障的土地，其所有權是否也應規定為此種「中間型態」呢？

加藤提到，有一個結果雖然失敗，但立意甚佳的史例，值得我們檢討，即美國印地安的切羅基（Cherokee）族力圖對抗白人，並求得民族的現代化所制定的「切羅基國（Cherokee Nation）憲法」。此憲法對於土地所有權，做出如下的規定：

「切羅基國的土地以共有財產形式而存續。但土地上若有市民的改良物（improvements），則此改良物為實行改良之市民或合法擁有該物之市民獨占不可侵犯之財產。但本條所規定之對改良物具有獨占不可侵權利之切羅基國市民，無論以任何形式，均無讓渡該改良物予合眾國、合眾國各州或其市民之權利。切羅基國之市民一旦攜帶家產、越過國境移居他鄉者，或成為其他政府之市民者，喪失做為切羅基國市民之一切權利與特權。對於向部落會議提出請願，希望復歸切羅基國之境外市民，部落會議有權依法再次承認其恢復做為市民的一切權利。」[24]

上述的規定，很顯然是藉由憲法規定，確認土地的總有性質，並排除「外國人」取得部落土地或地上物所有權的可能，以維護部落共同體的完整性。同時移出部落者，喪失市民權；反之，則需部落會議依法為其復權。

其實，類似總有或入會權等的所有權中間型態，加藤也承認，未必只出現在這些「前現代的」原住民地區。「現代日本的一般農村中，村民所擁有的田地或土地，雖然在地政登記上為私有，但往往不能僅憑登記而任意買賣或變更地目。一般而言，均必須有村民的同意。民法中的所有權包括了使用權與處分權，然而日本農村的私有地，卻不能自由處分。可見完全的私有制並不存在。」[25]

二、「海拔所有論」——反諷與實踐

瞭解所有權的各種可能性之後，剩餘下來的問題，就是我們應該以何種財產權，以何種所有制度來保護原住民的「自然主權」——保護原住民取得並使用其傳統領域呢？一個意外的插曲，刺激了筆者的想像力。

在二〇〇四年十月十六日文建會主辦的「多元族群文化嘉年華」活動中，當時的總統陳水扁才又信誓旦旦重提「新夥伴關係」，而經建會卻在此時提出「國土復育條例草案」，其中許多條文，簡直就和陳總統想平反的歷史性不正義南轅北轍。其中最驚人的，首推第六條：

第六條

一定海拔以上之山坡地劃為一級山區保護地帶，應永久保留自然狀態，禁止農耕及其他各項開發。

（中略）

第一項　一級山區保護地帶原有建物、設施及作物應設限期拆除，恢復自然。

第一項　一定海拔高度在北部區域及南部區域係指海拔一千五百公尺，在中部區域係指海拔一千公尺，在東部地區係指海拔五百公尺。

怪不得有一位原住民知識分子，看到這個條例之後，沉痛地說：「山地人，準備拆掉你們的房子去流浪吧。」經建會的草案，確實如同這位原住民知青所謂的「把住在高山區的住民極度汙名化」，而且雖以環保為尚方寶劍，卻留下四項例外「經中央主管機關同意者不在此限」：國防設施、公共設施及公用事業設施，其他公共使用目的之建築，以及最自相矛盾的「生態旅遊有關之設施」！

然而，筆者認為此草案之「驚人」，倒不在於其是否汙名化「山地人」，或者預留炒作地皮、觀光事業的法制空間。筆者最感驚訝的，是它居然以一個不知何所據而云然的「海拔高度」標準來劃定一級山地保護區。

非常非常諷刺的，是經建會的草案大大鼓舞了筆者暗藏已久，自以為荒誕的，原住民財產法「解決方案」。

在歷史上，個人私有財產權雖然是例外，但我們確實身處高度資本主義邏輯的社會中。而從資本主義的觀點而言，土地的生產力自然是愈高愈好。依照加藤雅信的公式，土地生產力愈高者，個人所有權意識愈強。而臺灣雖地小人稠，卻擁有無數崇山峻嶺。

我們雖無法將之「攤平」以利使用，然而何不拋棄固定概念，以「海拔高度」來決定物權效果？

尼泊爾喜馬拉雅山高地區域的物權效果，就是如此。四千三百公尺以下的耕地，承認私人所有權；四千三百公尺以下的放牧地，以及森林地區則為集體所有。更高的山區，無法私人利用，就成為無主物（國有）。[26]

照加藤公式，土地因其生產力，自低至高的物權效果就從無主物、入會權（總有）乃迄於所有權而變動。我們何不逆推經建會的邏輯，將生產力高的土地（五百公尺以下的土地）逕自歸還原住民，再任其部落會議決定是否維持現行民法的排他性所有權；生產力較低的土地（例如五百至一千公尺）則歸還原住民之後，維持總有之部落集體所有權；而生產力最低，或就環保等而言根本不應開放的高山土地（例如一千公尺以上），才例外地設定幾個現行民法物權或土地法所無的權利（如狩獵權），其他的（例如玉山山頂）才是無主物，歸屬國家所有。當然，生產力高低未必只隨海拔高度而變化，原住民也未必一定住在「山上」。不過以生產力高低決定物權效力變動，仍是原則。[27]

原本上述的建議對於普通法律人而言，或許過於離經叛道。這也是筆者不惜篇幅請出康德、洛克的原意。然而經建會都理直氣壯地提出如此草案了，法理上的思想武裝與平反歷史性不正義的倫理均遠遠勝過經建會的臺灣原住民，又何須謙謙自抑？

經建會這個草案最後雖然不了了之，但是「精神」傳承了下來——前面說到正面挑戰蔡英文總統，大聲疾呼「歸還私有地給原住民，違憲」的政務委員，正是當年提出該草案的經建會副主委。

原住民的自治實驗——三個「自治法」草案

前引的黃居正論文顯示，他的研究已經成功證明問題的癥結所在，而且黃教授曾提醒我，至少解決的基準必須非常注意「生態成本」。而這個提醒，正可彌補筆者「海拔所有論」的矯枉過正。**重點之一，是放寬對財產權內涵的想像；重點之二，是在歸還傳統土地之後，必須創設不同的物權效果。重點之三，則是新的物權效果必須緊扣住生態保育。易言之，在創設新物權效果之際，必須附保留條件，限制原住民對歸還土地的使用方式。在此，傳統規範必須（至少在某個海拔以上）證明其確實具有生態保護的功能。這樣的承諾，不但強化了其主張取回傳統土地的歷史性倫理價值，也深化了朝向未來的共生倫理。因而得以占據法律思想與生態倫理的制高點，抵抗可預見的，行將接踵而至**

的反對力量的挑戰。以上三點，就是筆者針對本議題，數十年摸索後的結論。

但是，無論如何，最適切的對策，當然必須經過實驗證明。例如有一個地區或部落能進行「海拔所有論」的實驗或實證調查，並做出各種評估。以下筆者將對於三個版本的原住民「自治法」草案進行分析評估。這三個版本，都是十幾年前的版本，也許有人會覺得過時。其實沒這回事。我要再度強調：原基法通過之後那兩、三年，是原住民運動的最高潮，最多勇敢而充滿想像力的嘗試。二〇〇七年漢人藍綠政權大亂鬥之後，就逐漸被忽視。馬英九八年政權，原住民族自治更是完全停擺。照我看來，如今各族的自治想像，除了最極端的「原獨」之外，其實都不進反退，而且退得很嚴重——新生代被同化的速度驚人，自治的基礎「民族認同」深切岌岌可危。所以，回頭看看十幾年前的「令人振奮的歷史」，還是很有必要的。

一、太魯閣族自治法

二〇〇五年，太魯閣族自治推動委員會於該年十二月十四日通過「太魯閣族自治法草案」。從其「太魯閣族自治推動步驟」第六點當中，可以看出本草案最終的目的，乃是與中華民國簽署條約[28]，並達成三項目標：

第一，承認太魯閣族之自決權；

第二，承認中華民國與太魯閣族為準國與國之關係；

第三，承認太魯閣族自治法，以及依本法所成立之太魯閣族民族議會及自治政府。

一言以蔽之，太魯閣族所提出的自治法，早已超越過去原住民族僅僅期待在中華民國架構之下成立自治區的委曲求全心態。該自治法第三條規定：「太魯閣族之主權屬於全體太魯閣族人所有」，明確標示「主權」二字。同時，該自治法並明定太魯閣族立法、行政、司法三權分立的國家組織架構：民族議會擁有立法權（第十二條至第二十五條）；Bukung（即太魯閣族元首），與其所任命的自治政府最高行政機關首長「總理」同時握有行政權（第二十六條至第四十條）；同時另設長老院，掌有司法權（第四十一條至第五十條）。上述的設計，明顯受到中華民國憲法影響，連行政權居然也仿效為人詬病已久，不倫不類的總統／行政院長制。

這是第一個重大缺陷。

第二個重大缺陷，出現在第二章，也就是第六條至第十一條有關人民權利義務之規定，簡略得太過分。幾乎只是剽竊中華民國憲法第二章——落後於國際人權基準甚多——基本權規定中的第七條（平等權）、第八條（人身自由），以及參政權規定（選舉、被選舉、罷免）以及大概仿自公投的「全族表決權」。甚至將「人民有請願訴願及訴訟的權利」，也規定在第二章中。而國民唯一的「義務」，似乎就只是「依法納稅、服役及受太魯閣族教育」，其他基本人權之規定均付之闕如。

而筆者最重視的財產權，則規定在第六十五條至第六十九條，屬於第十章基本政策中的「經濟」一項。有關土地的規定，主要集中於第六十五條。但該條文內容，卻彼此牴觸，令人很難分辨究竟是屬於私有財產制、集體所有制，或者筆者所謂的新創設的物權概念。

第六十五條規定：「自治領域內之土地屬於族人全體」；同條第二款：「人民依法取得之土地，應受法律之保障與限制」；第三款：「私有地應照價納稅政府並得收買」；第四款：「附著於傳統領域之自然資源屬於自治政府所有，不因人民取得土地所有權而受影響。」

自治領域內之土地既然屬於族人全體，為何又可以容許私有地的存在？而附著於傳統領域之自然資源既屬於自治政府所有，人民又何從取得土地所有權而使政府所有權受到影響呢？該條第六款又說「土地價值非因施以勞力資本而增加者，應由自治政府徵收土地增值稅」云云，如果逆向思考的話，當土地價值「乃因人民施以勞力資本而增加」，自治政府就不收土地增值稅了。這不是承認洛克的「勞動所有權論」嗎？

十幾年前我就認為，太魯閣族自治法雖然陳義甚高，有邁向準國家的決心，但政府架構既受落伍的中華民國憲法影響過深，而在謀求民族經濟獨立的財產權方面，卻又闕漏重重。如欲達成真正的自治，其基本法理論非大幅修正不可。而如今，原住民族都在期待能拿回（至少一部分）傳統土地，但這些被承諾將回歸的「前國／公有土地」，絕對不應該模仿資本主義民法的使用方式。否則豈非套套邏輯，既喪盡收回土地的正當性，也無益於民族利益？

二、邵族民族議會憲章草案

日月潭的邵族，在二〇〇五年十二月十六日，正式成立民族議會，並通過「邵族民族議會憲章」。根據該憲章成立宗旨，民族議會之成立乃是「基於各原住民族自主與自決之權利」。而民族自決權既然來自國際人權法典的規定，那麼是否意味著邵族民族議會的憲章，像太魯閣族自治法草案一樣，打算邁向準國家的決心呢？

在這一部憲章中，我們事實上看不出有這樣的跡象。因為宗旨中說到：議會組織乃是藉由此一民主機制，匯集族人意見，形成民族全體共識與決策，做為「政府」與「各民族對本族所屬之固有傳統領域與生活居住地區內各項事務推動之必要依據，俾契合本族族人之需求與利益」。如此說來，似乎又是自居於現行中華民國《原住民族基本法》位階之下，因此最多只能說是基於《原住民族基本法》的精神，所產生的一個自治區。

此種矛盾，在第一章以下有關「議會議員」的規定中，表露無遺。例如第五條（本會議員之義務）第三款：「本會議員應為族人之表率，不受外力影響，全力為本族全體權益與福祉效力」；但是第四款又規定：「本會議員應謹守言行，做好與各級政府與民族之間良好互動關係之工作。」很明顯的，第三款與第四款事實上是互相矛盾的。第三款所謂的「外力影響」，在現實上往往就是各級政府（例如南投縣政府）。當「外力」強加干預，而造成本族的利益被侵害之際，假設議員為了本族權益與福祉，而與「外力」發生衝突，那他又如何能「與各級政府互動良好」呢？

再看第七條規定：「本會議員若遭法律起訴處分時，經議員總數的二分之一以上同意，本會得暫時停止其議員職務。」此處的「法律」，當然是中華民國現行法，那麼當中華民國法律與本族利益衝突，而議員為保護本族利益反而受到該法律所起訴處分（判決有罪時），又當如何？議會仍然要暫時停止其職務嗎？凡此種種，均可見邵族民族議會「憲章」位階之低。

憲章的第二章「組織」，第一節是議會組織之規定，可以略過不提，但是至少我們知道這裡的民族議會是一個立法機構。那麼行政機構呢？在第二節中規定，「以基金會的形式（財團法人伊達邵文化教育觀光發展基金會組織），做為本會所有議決事項之最高行政機構」（第十五條）。關於基金會的權限，雖然林林總總寫了許多，但是並未提及財產權或者是土地權的任何規定。**這可能是邵族和其他原住民各族群最不同的地方，因為邵族是一個失去土地的族群**。因此第二十一條規定「基金會應編列各項年度預算」，而在第三十一條則補充，這些預算（也就是基金會＝邵族國的收入），來自於「所屬基金會之收入以及族人與各界之捐贈款」。換句話說，邵族因土地被完全剝奪，自然失去了其財產的根本基礎，因此只好制定了如此低聲下氣的憲章。關於原住民財產權的論述，在這裡竟然無法討論。但事隔多年，重新檢視之後我們發現：正因為邵族是唯一被徹底剝奪土地的民族，所以他們想取回傳統領域的土地，所遭遇的反擊也必然最為強大。至少，整個南投縣，都將是他們的敵人。欲辨別國家的承諾是真是假，邵族是第一關鍵。

三、司馬庫斯部落公約

司馬庫斯乃泰雅族的部落之一，其部落公約當然不能代表整個泰雅族群。因此乍看之下，也不能與「太魯閣族自治法」或者是「邵族民族議會憲章」等量齊觀。可是，相較於前兩個自治法草案版本，「司馬庫斯部落公約」最值得討論。因為這個部落公約簡潔但明確，用語淺顯但絕不受中華民國現行法思維所限制，範圍雖小但非常實用。尤其是他們對於環境保護的重視程度，更可說是這一份部落公約真正的生命之所在。

關於土地權，第三條規定「為維持部落之主體性，部落土地不得買賣、租用、轉讓給非部落居民，亦禁止和非部落居民以合夥投資的方式經營土地」。第四條：「部落土地（不論私人或公有），非經部落共同討論規劃許可，不得大規模變動使用或開挖。」在這兩條規定中，我們看到司馬庫斯的土地所有權，已經包括私人所有制以及集體所有制，正是我假設中的「海拔所有論」所展現出來的立體物權。同時，對於非部落居民，則具有強烈的排他性。更重要的是，這兩項規定的目的，卻在於第四條：「以避免土石流或坍塌等災害發生」，換句話說，其目的在於「環境保護」，而不是基於資本主義的邏輯，主張所有權的絕對性與排他性；更非因為「國家利益（財產）」與私人利益（財產）發生衝突，因而限制私人所有權之行使。

這種對於生態保護之堅持，可以從第五條到第十一條的規定當中，看得更清楚。例如第六條規定：「傳統領域及生態資源的經營管理方式，需考量保育的立場。」第七條：「部落居民透過祖先的生態智慧及現代的生態科學知識，合理地使用、採集、狩獵傳統領域的動植物資源。」第八條：「水資源為世代子孫共有，因此水資源之利用除部落居民集體規劃之管線及現有家戶、農用之配管外，不得任意接管取用或買賣。」第九條甚至規定了「住家附近禁止畜養豬、牛或其他牲畜，畜養者須遠離住家，且排放物以不汙染土地及水源為原則」，規範得非常細膩。而第十條也規定了住家、民宿或各事業等之排放水須處理完備，不得影響部落環境整潔衛生等等。

總而言之，司馬庫斯部落公約雖然只是一個部落公約，但是它同時已經蘊含了筆者所謂的「不受現代市民法財產權固定觀念束縛的」，立體的物權思想，而且其最大目的乃是生態保育而非資本累積。

臺灣的原住民各族群已經有許許多多版本的自治法草案，但是似乎沒有任何一個自治法，能夠像司馬庫斯部落公約如此切中要害。絕大多數的草案，都急於釐清或界定與中華民國政府的關係，而在自我財產權的捍衛上，卻又過分軟弱。原因在於：大家都期待未來自治政府的財源能得到中央的補助，卻不去想像財政與經濟的獨立。[29]有趣的是，司馬庫斯部落經由十幾年來不斷地努力，早已達成經濟獨立的狀況了。因此，筆者個人始終認為，上述三個自治法草案中，以司馬庫斯公約所應獲得的評價最高，雖然這個公約非常簡陋，但它卻是一個正確的開始。其正確性，甚至遠勝原民會各版本的自治法草案。

結語——「旁觀他人痛苦」的外人所不能越俎代庖的使命

從上述三個案例，筆者不禁有個不甚政治正確的感觸——臺灣原住民要求恢復傳統領域，與其以「自然主權」為號召，還不如直接憑恃「自然權」的發動即可；如欲行使「主權＝民族自決權」，則：

（一）自居於中華民國國民之地位，收回國民主權。因為政府並未保障原住民自然權。

（二）獨立建國，另立原住民國家，並依社會契約說讓渡主權予新政府。

如果是（二），原住民即無必要與中華民國的總統簽署如「新夥伴關係」般不具法律效力的政治承諾，而應與中華民國另訂國與國之間的國際條約。如果是（一），則原住民與其他族群均為中華民國國民，其國民主權之行使，已讓渡給中華民國。如何回收，須依國內法規定，否則即須採取超法手段，這又回到自然權發動的問題。畢竟就現有國際法國家主權的理念而言，「主權」並不自然。

筆者衷心認為，除非原住民獨立建國，才有現實意義的「自然主權」可言。如果僅是自治，則仍屬中華民國的一部分，如何能在中華民國主權之外，另外宣示什麼「自然主權」呢？畢竟，這個時髦的英美法概念，似乎頗受聯合國青睞，其實用來安慰原住民族的成分居多。

假設略過「自然主權」不談，直指自治，則自治法的規定，必然是概括性的原則，其實體須待各族自行填補。而填補之所恃，就在於各族傳統法規範的復興（renaissance）。

由於歷經日治、國治的破壞，原住民傳統法規範不但在實質上近乎散佚殘缺，在原住民心理上也有相當的不安與自卑，以為自家陳舊規範不及現行法進步。[30]此外，假設自治如果得以施行，則原住民各族將採行何種法體系，以確保民族與個人權利，乃屬「大哉問」。然而以目前臺灣法學人才之夥，只要敞開胸襟，在技術上合作，以求突破百年困境，是絕對可能的。問題反而出在「故步自封」與「渴求進化」的心理葛藤。

總之，歷史之惡，只要累積得夠久夠廣遠，「微觀暴力」便將鋪天蓋地，無所不在。到了此時，哪怕所有人都認識到「宏觀暴力」的存在，也承認被害者行使權利的正當性，一樣於事無補，難以挽救。[31]

日本人，以及特別是「國府」對於原住民族群所施加的暴力，就規模而言，固然遠遠不及他們對於臺灣其他族群（包括他們自己所屬的族群）所施加的暴力來得既廣且深，然而，最後卻造成了更難補救的創痕，與更可恥的全民道德危機。尤其可悲的是，其暴力的出發點，竟只是源自貪婪、無知與傲慢而已。

最重要的是，千萬不要忘記，臺灣的立法院對於國際人權知識極端貧乏的現象。例如二〇〇一年四月行政院將已簽署而尚未批准的《公民與政治權利國際公約》及《經濟社會文化國際公約》送請立法院審議批准。在立法院審議期間因少數立委對於「人民自決權」與「臺獨」連結而視該批准案是臺獨陰謀，在政黨相互角力之下，該批准案終於在二〇〇三年通過，但是卻附加聲明強調臺灣不是殖民地，沒有自決權，而對兩公約的第一條做出保留。全世界的國家，在批准兩大公約時採取個案保留固然屢見不鮮，可是保留兩大公約基本精神所在的自決權，簡直是聞所未聞的國際笑話。可是鬧出這種國際笑話的政府，卻是臺灣原住民未來必須交涉的唯一對象。更驚人的是，這個鬧國際大笑話的立法院多數黨國民黨，再次取得政權之後，居然態度一百八十度大轉變，毫無保留地批准兩公約，但也更徹底地架空公約的精神！[32]我們因此明確地理解到，當臺灣原住民試圖恢復其民族基本權利之際，殖民地歷史的清算、國際人權法典、市民／傳統財產法理論等所能提供的助力，幾乎只限於為原住民取得道德制高點，以及清除現行中華民國法規所設下的障礙而已。問題的解決，仍然有待於原住民各族群的自我實踐與決心。這是任何「旁觀他人痛苦」的外人所不能越俎代庖的神聖使命。

注釋：

1 陳水扁總統於二〇〇二年十月十九日與臺灣原住民十二大族群頭目舉行「原住民與臺灣政府新夥伴關係」，重新簽署「原住民與臺灣政府新夥伴關係」肯認協議書，並多次重複他對於此承諾的決心。再肯認協議書夥伴關係條約共七條：

一、承認臺灣原住民族自然主權。

二、推動原住民族自治。

三、與臺灣原住民族締結土地條約。

四、恢復原住民部落及山川傳統名稱。

五、恢復部落及民族傳統領域土地。

六、恢復傳統自然資源之使用、促進民族自主發展。

七、原住民族國會議員回歸民族代表。

2 從「法即權利」的觀點而論，在政府所訂立的國家制定法（Positive Law）之前，人類早因自然法（Natural Law）——基於人類理性，具有普世正當性的法——而擁有自然權（Natural Rights），包括自由權、平等權、所有權、抵抗權等等。霍布斯和洛克、盧梭不同之處只在於：前者主張個人已將自然權全面讓渡予國家，不得收回；而後者認為，個人只將自然權暫時讓渡予願意保障自然權之國家。國家或政府存在之目的，即在於保護自然權不受侵犯。國家保護自然權的成效彰否，客觀地評價了國家的善惡。不保護自然權的國家或政府，市民得以譴責、抵抗甚至推翻。至於「主權」指的是決定一國政治的終極權力。民主國家的主權，基於自然權思想，固然屬於國民所有，但依社會契約暫交國家行使。

3 高德義，《原住民族自治制度之研究與規劃——排灣族、魯凱族及雅美族》（行政院原住民委員會，二〇〇四），頁六三。

4 吳豪人，〈臺灣原住民的財產權——市民法與傳統規範的衝突〉，《臺灣新憲法——群策會「臺灣新憲法」

國際研討會論文集》（二〇〇五），頁三〇三—三〇四。

5 黃居正，〈無成長的原住民財產權論述〉，吳豪人主編《二〇〇三年臺灣人權報告》（臺灣人權促進會，二〇〇四），頁四七。

6 關於平權會及其扮演的角色，請參閱顧玉珍、張毓芬，〈臺灣原住民族的土地危機：山地鄉「平權會」政治經濟結構之初探〉，《臺灣社會研究季刊》第三十四期（一九九六）。雖然是二十餘年前的文獻，但是在從未成功進行轉型正義的臺灣，本文所謂的「政治經濟結構」也並無改善的可能。

7 當然，「祭祀公業」是例外，然而那是「漢人」的「淳風美俗」，而且在日治時代就被瓦解得差不多了。吳豪人，〈植民地臺湾における祭祀公業の改廃〉，《日本臺湾学会報》創刊号（日本臺湾学会，一九九九）。

8 三島淑臣，〈近代の哲学的所有理論——ロックとカントを中心に〉，《法哲学年報1991》（日本法哲学会；有斐閣，一九九二），頁七。

9 John Locke, *The Second Treatise of Government*, ed. by Th. Peardon, 1952, p.79-82.

10 John Locke, ibid., p.79-82.

11 三島前引論文，頁十一—十三。

12 福田歡一，《政治学史》（東京大学出版会，一九八五），頁三八四—三八七。

13 John Locke, ibid. p.37.

14 三島前引論文，頁十五—十九。康德連物權行為都認為是人對人、而非人對物的主張，明顯與自羅馬法以來的債權（人對人）和物權（人對物）分離的見解大異其趣。參閱田中成明等，《法思想史》（第二版；有斐閣，一九九七），頁九四。

15 吳豪人，〈是後現代還是現代優生學之夢？——基因科技的歷史與哲學論述〉，臺灣大學日本研究中心主辦「基因科技與法」研討會論文，二〇〇一。

16 三島前引論文，頁十九。「以戰爭來掠奪，絕對不是所有權的法律基礎」的康德觀點，在此又與羅馬法的實力主義觀點發生衝突。怪不得查士丁尼大帝在編纂著名的查士丁尼法典之後感嘆道：「共和時期的羅馬是盜竊與國家的綜合體。」參閱船田享二，《法思想史》（勁草書房，一九五三），頁九四。

17 有關中田薰以日爾曼習慣法的總有解釋日本習慣法的入會權的文獻可稱汗牛充棟。最入門的就是潮見俊隆與利谷信義編，《日本の法学者》（日本評論社，一九七四）當中，井ヶ田良治撰寫的「中田薫」部分（同書頁二一九－二四〇）。以及前引拙文〈植民地臺湾における祭祀公業の改廃〉。

18 加藤雅信，〈総有論、合有論のミニ法人論的構造〉，《星野英一先生古稀祝賀・日本民法学の形成と課題（上）》（有斐閣，一九九六），頁一七〇。

19 參考吳豪人前引書，《殖民地的法學者》導論部分。

20 川口由彥，《近代日本の土地法観念——1920年代小作立法における土地支配権と法》（東京大学出版会，一九九〇），頁八－十三。

21 關於這些德國民法的舊理論，讀者未必需要瞭解。有興趣深究者可參考吳豪人前引書第二章。

22 加藤雅信，《「所有権」の誕生》（三省堂，二〇〇一），頁一六八。

23 加藤前引書，頁一六九－一七二。

24 加藤前引論文，頁一七一－一七二。

25 加藤前引論文，頁一七四－一七五。

26 加藤前引論文，頁一七六。

27 至於無體財產權部分，此處暫不討論。

28 原文為「與中華民國簽署文件」。「文件」云云，語焉不詳，想是「條約」之意。

29 這似乎意味著，無論主張準國家的激進派，或低聲下氣自居人民團體——基金會的超級溫和派，其所使用的策略或許不同，目的卻是一致的，也就是「向鄰國借款」，或者「向中央政府要錢」。

30 太魯閣族自治法草案的許多內容，就明顯出現了太多中華民國憲法的陰影。

31 坐落於臺北縣，我國唯一的漢生病療養院——樂生院為了捷運通車而面臨強制拆除的慘狀，也是一個典型的「微觀暴力」肆虐的例子。

32 同樣的無力感，似乎也出現在因為過分瞭解問題的複雜性，以至於無法被樂觀的人權普世主義者說服的思想家身上。甚至連強悍的羅蒂（Richard Rorty），也只能悲觀地指出一條最後的救贖之路。他認為，權利的救濟，不能倚靠「人性尊嚴」之類的，抽象的法律理念。唯有當我們真正聽見、看見現實中被害者的痛苦，才能夠喚起人性中的共鳴情操。Richard Rorty, "Human Rights,Rationality, and Sentimentality" in Steven Shute and Susan Hurley (eds)，*On Human Rights* (Basic Books, 1993)，pp. 111-134. 而為了使人們注意到「感傷（sentimentality）」所喚起的效用，他當然又只能強調懷疑理性的後現代主義了。這樣的答案，筆者實在無法接受。如果主流社會真的如同筆者前述所做的推論一樣，決心以「微觀暴力」抗拒承認「宏觀暴力」的存在，抗拒承認被害者行使權利的正當性的話——也許抵抗權的行使，就是最後的一條救贖之路了。

第五章

「野蠻」的復權：臺灣修復式正義與轉型正義實踐的困境與脫困之道

他們plmukan（漢人）侵略我們祖先以來就領有的土地，我們以後一定會變成要耕種卻無土地，要狩獵卻無森林的地步。他們虐待、驅使我們，姦淫婦女，我們最後必將難免於滅亡之命運。

——《番族慣習調查報告書》第一卷（泰雅族）第六章，一九一五年。

轉型正義（transitional justice）與修復式正義（restorative justice）是兩組既有交集又互相排斥的，深具辯證性的理論。一般而言，轉型正義的理論經常用於普通司法體系無法處理的、政治上的「滔天巨惡」[1]，其內容較為清楚；而修復式正義理論卻常常被限縮理解為國家司法的補助工具，專門修補療癒少年犯、家庭暴力等「小奸小惡」帶給社會或社群的痛楚。[2]

修復式正義的理念如果推到極致，必然和轉型正義理念交融一體。但現實上如此觀點未必已經是「通說」。就連批評將修復式正義視為「刑事程序及量刑政策與實務的大改革」的觀點太狹隘的喬斯頓（Gerry Johnstone），對於修復式正義理念的最大化描述，也僅限於「根本變革當今的刑事司法體系」，「應用於社會的／政治的／日常生活上的關係」[3]而已。修復式正義理念被「小覷」的國度，根據筆者的觀察，大約有兩個比較明顯的模式。第一個模式是類似臺灣這種雖歷經民主化、卻未碰觸／實踐轉型正義的國家；或日本這類不曾徹底處理戰爭責任、純由外力主導完成民主化的國家。[4]這種模式的國家，沒有能力想像轉型正義與修復式正義之間的邏輯連貫。第二個模式例如美國、英國等，本來就是民主國家，無所謂獨裁／民主政體的轉型。它們最關心的，毋寧是現代司法體系理論的破綻，以及新的司法體系典範的想像與建構等更本質性的問題。

很明顯的，第二種模式的國家不是真正「小覷」修復式正義（雖然實務上確實有這樣的傾向），相反的，由於對修復式正義的深入探討，這個模式必然碰觸到轉型正義，甚至超越轉型正義的過渡性，而直指自啟蒙主義以來，西方司法各種命題設定的根本破綻。[5]就此而言，它毋寧是轉型正義的一個上位概念。不過，儘管現代司法體系的破綻日益顯豁，但自信有能力將之逆轉的修復式正義，其理念又從何處得到靈感呢？基督教信仰、古老而美好的時代的中世紀法、前現代的司法、共同體主義，這些都是靈感與養分的來源。但是，這些根植於西方的古老傳統，畢竟是被西方自家的啟蒙主義（之後的現代性）從其根柢所超克的，如果無法被證明具有價值再生的潛力，則復古主義不足以支撐一次典範的再轉移。也因此引發的正反之爭較明顯。

比較特別的靈感來源，則是在西方法律史中，從未經認真檢證，自始就被先驗地定位為「野蠻／未開」的各地原住民族的傳統規範。結果，當代西方社會最先將修復式正義踐履於司法實務的兩種方式——基督信仰帶動的「被害人／加害人和解」（Victim-Offender-mediation）運動，與原住民傳統規範的家族集團會議（Family Group Conferencing）[6]在內，均不約而同地發生於國家坦承殖民罪惡，並願意與國內原住民族共同面對轉型正義的國家——加拿大、紐西蘭、澳洲、德國等。[7]這個事實可能非常重要，它有沒有可能證明：「愈不迴避轉型正義的國家，對修復性正義的接受度愈高」的假設呢？

更重要的是，對於同時存在民主轉型後未解決的轉型正義問題、一般司法面臨破綻的修復式正義問題，以及原住民族歷史性不正義問題的國家——例如臺灣，這個假設是否潛藏著一舉解決上述三大問題的契機呢？

臺灣轉型正義與修復式正義實踐的困境

一、困境的推演

根據修復式正義的先驅澤爾（Howard Zehr）的簡潔定義，則所謂修復式正義指的是：

犯罪，是對於人們以及人與人之間的關係的侵害。因此犯罪產生了必須修復此受侵害狀態的義務。司法體系必須與被害人、加害人及其社區／社群共同體攜手合作，推進修復與和解、尋索助長三者自信的解決之道。[8]

接著，澤爾將現代西方法的應報主義司法與修復式正義的理念逐項對比如下：

應報式司法主張：①犯罪乃是對於國家與國家法的侵害②司法的焦點在於如何證明有罪③並以定罪結果，將痛苦（懲罰）量化④司法（正義）透過雙方當事人的對抗而獲致⑤對抗的雙方當事人，其一為加害人，另一方為國家⑥程序與（應報）目的比結果更受重視。只有贏家與輸家的分別。

修復式司法則主張：①犯罪乃是對於人及人際關係的侵害②司法的目的在於發現（被害人等的）需求與（加害人等的）義務③如此才能產生讓被損壞的秩序恢復健全④司法必須促進對話與合意⑤並讓加害人與被害人扮演主要角色⑥司法的判斷，必須以責任承擔、需求滿足以及療癒（個人與社區）促進的程度為判斷基礎。[9]

若暫不進行細部討論，澤爾的定義大概已經可視為通說。相對的，儘管各個國家、文化與歷史不同，實務做法也未必一致，但當我們談到轉型正義，則吳乃德的描述也可以被視為一種通說：

> 「轉型正義」是所有從威權獨裁轉型至民主的新興民主國家所共同面臨的政治和道德難題……如何處理過去威權時期犯下侵犯人權、剝奪生命與自由、凌虐人道等罪行的加害者……如何賠償受害者……而……討論轉型正義的動機，主要也是為了未來，為了「讓它不要再發生」（never again）。……讓歷史真相得以大白、加害者得

以懺悔、受害者得以安慰、後代得以記取教訓。同時更重要的，國家社會得以避免分裂。[10]

從上述兩組理念的敘述可知，修復式正義和轉型正義有非常多相似之處。當事人均為受害人、加害人與社群，國家只是配角；懲罰不是正義的第一義；應報主義與國家司法目的的維持，也被真相的探求、加害人的悔悟與道歉、受害人的需求得到滿足，以及包括社群在內的三者共同的和解與療癒等所取代。當然，如果進行細部的對比，則兩者著力的重點又將有所不同，從而遭逢的困難也就不盡相同。若論加害人共犯結構與被害人團體規模、社群被捲入的範圍（時間縱深與空間廣度），甚至「罪行」的極端，則轉型正義所涉及的，遠非一般刑事犯罪意義下的修復式正義主張者所能想像。因此邏輯上，凡贊成轉型正義理念者，必然也贊成修復式正義的理念。而反之未必如此。

以臺灣為例，在臺灣「修復式正義」是受到官方所認同甚至鼓勵的美好理想，但只限於少年犯、家暴等「微罪」或「更生有望的受刑人」。社會的氛圍似乎亦並不排斥這個範圍之內的修復式正義（儘管未必使用這個名詞）。但是「罪證確鑿／人神共憤的死刑犯」則是一個絕對的例外。在這個修復式正義的「例外狀態」之下，真相、對話、道歉、更生、補償、和解、療癒等關鍵字均遭凍結，社會要的是「以殺止殺」的素樸的應報正義。奇妙的是，這種激烈而毫無轉圜餘地的強硬處罰方式，卻是轉型正義理念中最被認為應該謹慎從事，甚至放棄的處罰方式。反過來說，強烈支持死刑的臺灣，卻對獨裁政權的滔天之惡表示了舉世罕見的寬容與不以為意——直至今日為止，我們看到了臺灣民主轉型二十餘年的不可思議的現象：「到處都是被害人，卻找不到一個加害人。」

然而，如果從澤爾或布萊斯偉特（John Braithwaite）等修復式正義提倡者的理論觀之，甚至從屠圖大主教或璐蒂・泰鐸（Ruti G. Teitel）等轉型正義提倡者的理論觀之，我們卻也可以得到一個完全不同的解讀，證明臺灣的現象並沒有什麼「不可思議」。因為澤爾等人攻擊的是西方民主國家現代司法的原始設定，布萊斯偉特則力陳民主制的腐敗與共和主義的復權[11]；而泰鐸則把轉型正義與司法正義放在「自然法 vs. 法律實證主義」的傳統對抗脈絡上。[12]但是，「新興民主國家」（例如臺灣）有過什麼堅實的西方民主現代司法的傳統？有過什麼法律實證主義的傳統？[13]

我們還可以把這個解讀挖得更深一點。喬斯頓在他的著作《修復式正義：概念、價值與論辯》（*Restorative Justice: Ideas, Values, Debates*）曾反覆談到，西方許多人反對以修復式正義取代現行司法體制的理由，在於修復式正義理念「雖然動人卻是個不可能實現的幻想……甚至是個危險的幻想」。其危險之處包括「使弱勢者更為弱勢」、「嫌疑人／加害人在現行法上本已獲得的權利保護反受侵犯」、「破壞現有的合理的量刑原則」，以及「不但無法限縮刑法的使用，反有擴大刑罰適用／統御範圍的危險（net widening）」。[14]在此筆者並不急著證明或討論孰是孰非，重點在於以下這個現象：這些民主國家司法體系的捍衛者「真心」相信他們的現行法律制度與精神縱使有缺陷，也仍值得捍衛。但是，「新興民主國家」（例如臺灣）有過什麼值得捍衛的司法（與司法精神）？[15]

我們還可以把這個解讀繼續再挖得更深一點。喬斯頓舉出的幾個對修復式正義的疑懼觀點，如果放在轉型正義之上，這些疑懼相對而言就顯得無足輕重。因為這些社會不太需要轉型，因此討論轉型的政治／社會／經濟成本意義不大。縱使假設必須實踐轉型正義，對於現行司法安定性的撼動也只是暫時的，因為「例外狀態」終究是例外，是暫時性的（在這裡我們也可以「暫時」忽略阿岡本〔Giorgio Agamben〕的警告與悲觀主義）。反正從羅馬法時代至今，都沒有一個長久而安定的刑事法體系有能力宣稱它們可以「依法／依例」處理滔天巨惡的。法律實證主義也對此從無幻想。何況從紐倫堡到如今的南非或德國的經驗，加上國際人權法的進展，使得這些國家處理轉型正義的時候最需要的不是成本的考慮、倫理的依據或司法制度的根本變革，而是道德的決心與政治的決斷。因此，在這樣的情境當中，儘管二者的終極理念互通，但轉型正義的實踐遠比修復式正義的實踐成本更低，更具現實可能性。因為轉型正義看似艱鉅，但卻只是極端的「例外」；修復性正義卻永遠必須與人性的「恆常之惡」相搏鬥。

儘管如此，「新興民主國家」（例如臺灣），道德的決心在哪裡？政治的決斷在哪裡？

二、脫困的契機

於是，我們得到一個暫定的結論：在臺灣，死刑其實並不是修復式正義的「例外狀態」；在臺灣，「找不到／沒有意願找加害人」也不是轉型正義的「例外狀態」。因為在臺灣，不但尚未出現堅實的民主或共和政治，連司法都從未被多數人民信賴。最重要的是，臺灣並未存在一個國家或族群規模的、匡正不義歷史的道德決心，臺灣大多數國民也並不逼迫政治人物進行政治決斷。假如這個結論是正確的，那麼筆者便能在此斷定：至少在臺灣，轉型正義與修復式正義絕對不會發生衝突——因為兩組無用的概念是否衝突，是無人在乎的。而這正是臺灣轉型正義與修復式正義實踐的困境所在。

這個暫定結論並非純然只是對於臺灣人的批評與非難，極大的部分是在描繪現狀。正如吳乃德所指出的，許多國家對於轉型正義的實踐也不甚關心：

（因為他們在轉型之後）經常面臨比道德議題更加迫切的難題；（因為）許多人將之視為不同陣營政客之間的權力鬥爭；（因為）一般人對於恢復常態的欲望比回復正義的欲望更為強烈；（因為）新民主社會經常需要借重舊政權底下的政治菁英的治理經驗。……（因為）威權體制在經濟發展上的成功，以及蔣經國個人的統治風格。……（因為）「時間會模糊我們對過去〔殘酷壓迫〕的記憶」。[16]

這些都是在臺灣確實可見的理由。然而轉型正義的理念與修復式正義的理念是如此相似，而歷史的不正義與司法的不正義也確實同時存在於今天的臺灣，因此臺灣若對這兩組概念進行二者擇一毫無意義，只能「畢其功於一役」。這就更加深了兩個理念實踐的困難度。

「脫困」的唯一可能，恐怕就是需要臺灣人民接受以下的事實：

「我們的民主轉型其實並未成功。歷史的不正義不是過去式而是進行式。司法的不正義只是轉型失敗的必然結果而已。」

如果接受這個事實，那麼許多混淆不清或似是而非的政治／司法／社會／經濟改革的挫折，至少就可以找到癥結所在。若以筆者的理論，就是「轉型不義論」：

> 在正義尚未轉型之前，不義已經領先轉型成功。轉型成功的不義，將一切正義價值的修辭通盤接受，並且將之完全地空洞化、戲仿化、形式化，去實務化，進而已經嚴重威脅到臺灣過去累積的，雖然尚為貧弱但棄之可惜的民主化成果。[17]

不過，「轉型不義論」是對於臺灣社會的全面檢討，而臺灣社會因為政治對立嚴重，容易將這種類型的檢討跳躍地泛政治化。因此在適用該理論的時候，必須縮小打擊面，避開主流社會的對號入座。具體而言，就是將這個理論套用在一個非主流的弱勢族群，而仍能證明歷史的不正義不是過去式而是進行式，證明該弱勢族群已經陷入內國殖民地的處境。如果主流社會放任如此進行式的不義於不顧，也就證明了這個主流社會不是也不願是民主國家。假如這個主流社會拒絕承認自己「不是也不願是民主國家」，它就必須針對這個弱勢族群進行真正的轉型正義。而唯其實踐乃是限定性的、超越政爭的，因此社會成本便可以壓到最低，有助於所有臺灣人共同實驗一次真正而且徹底的轉型正義。除此之外，假如這個局部實驗的族群樣本，其所擁有的傳統規範「恰好」符合或近似修復式正義的原理，那麼這個實驗不但有助於主流社會對於全面進行轉型正義的信心，還能夠提供新的司法典範，協助主流社會加深對修復式正義的認識。

很明顯的，在臺灣這樣的弱勢族群一點都不難找。

脫困的知識性前置作業：從法學與人類學看臺灣原住民的歷史性不正義[18]

從一九一〇年日本總督佐久間左馬太開始積極「理蕃」，臺灣的原住民被捲入現代國家的自我想像運動中，至今已經足足有一百多年的歷史了。對於原住民而言，這是一場不折不扣的民族浩劫，而且直到目前為止，我們也還看不到這場浩劫的終點。由於筆者是一個法律學徒，因此在這場百年浩劫中，我特別關注的，是法學家所扮演的角色。但從少年時代與臺灣原住民的接觸經驗裡，我也深深感覺到人類學家的影響力，似乎不在法律人之下。直到一九九〇年代初期，當我閱讀了日本學者村井紀的《南島意識形態的發生》[19]，發現殖民官僚柳田國男創建日本民俗學的靈感來自於他對臺灣原住民的研究，同時又在深入瞭解殖民法學家岡松參太郎何以動員如此龐大的人力物力進行《番族慣習調查》的學術動機[20]之後，我這個長年的直覺，才算第一次有了知識性的著落。

雖然，人類學和殖民主義密不可分的關係，以及現代歐陸法學和殖民地主義密不可分的關係，不但不是什麼獨創的發現，事實上根本就是一個「古典」議題。[21]但是無論從學術或實務而言，這個「古典」議題，在臺灣這個場域裡，至少還有三個空白，至今尚未能被完全填補。第一個空白，是殖民地主義中，人類學與法學如何協力的歷史；第二個空白，是人類學與法學聯手摧毀原住民社會之後，突然分道揚鑣的現象。第三個空白最奇妙：如今，人類學和法學突然有可能成為重建原住民社會的「希望」之所繫，可是兩方的人馬對於為何／如何合作，卻幾乎一無所悉。

一、第一個空白

在殖民地主義的邏輯裡，人類學的功能和法學的功能是互補甚至互為前提的。非西方社會的人常常有一個誤解，以為法律的功用只是為了統治。其實「法律為權力所驅使」雖然似乎是現實，但「法律＝權利保護」才是權力正當性的來源。很可惜的，在進行人權保護之前，現代法學必須設定一個進場機制：確認誰是「人」？誰「不是人」？因為在現代法學的基本設定中，能夠得到法律保護其權利的，只限於在法律上被確定為具有法人格的人。權利是一種擬制而非天賦，所以「生物學上的人類」就未必能夠等同於「法律學上的人類」。奴隸就不是法律定義中可以做為權利主體的「人」。這個源自羅馬法的歐陸法律歷史，就是一部各式各樣的「非人」如何前仆後進地擠入「人」的行列、「為權利而鬥爭」的歷史。坦白說，這套邏輯至今其實沒有什麼變化，只不過可以被法律視為「人」的範疇變大了而已——儘管必要的時候，可以隨時限縮。被監禁在關達那摩美軍基地的所謂「恐怖分子」，就是被阻絕於普世人權理念之外的「裸命」。[22]

殖民主義興盛之前（甚至之後仍然如此），在歐陸有限的「世界」經驗中，除了奴隸之外，外國人、窮人、未受教育的人、婦女、兒童、勞工都曾經長期被峻拒於「法律＝權利」的保護圈之外。大航海時代以來，「世界」的範圍雖然擴大了，「人」的範圍卻沒有隨之擴大的必然性。絕大多數的情形，都是因為「來自非人的抗爭」已達到權力所能應付的臨界點等現實需要，才使得法學所界定的「人的門檻」逐漸放寬。無論如何，法律基於其實用性，在放寬門檻之際，都亟需一個有效——最好是「科學」——的判準。

這個判準，依時代區分，分別由傳教士、博物學家，以及人類學家負責提供，負責建立一個（科學）體系，對所有生物學定義下的人類，進行調查、研究與分類。「野蠻／文明」、「已開／未開」、「原始社會／氏族社會／半文明社會／文明社會」的各種分類自此層出不窮，而法律學對於這些人類學的成果，總是表現得很謙卑而且從善如流。當人類學對於研究對象的「文明度」失望搖頭之際，法學便毫不寬容地拒絕他們加入「人」的行列。當人類學「尚無定論」的時候，法學就劃出一個模糊地帶——被研究主體在法律上權利的多寡，視其接受「文明」的意願或程度而定。[23]

至於實際上掌控權力的政治人物，本質上就對權力／權利的下放極為反感，當然更會庸俗化人類學及法學的結論，杜撰出「從排除到同化」的一系列光譜選項，藉以因時因地制宜，正當化他們的殖民統治。臺灣總督府就是這個態度。而如果容我甘冒大不韙地直言，則我認為：即使到了二次大戰後很久的時間，許多人類學家仍然「尚無定論」。所以國民黨政府雖然是個反知識反法治的法西斯殘餘勢力，但他們也很樂意趁著人類學家的舉棋不定以及法學家的茫然無措，對原住民進行毫無道理的「同化＝滅族政策」。對於這段百年歷史，我一向的形容，就是「從飛禽走獸到炎黃子孫」。[24]（當然啦，這中間還夾雜著一段日治後期「帝國臣民」的時代。）

法學家與殖民主義者既然如此倚賴與「敬重」人類學的研究成果，自然對於人類學研究的支持不遺餘力。雖然法學家與殖民主義者對於人類學研究的支持，基本原因並不完全一致：法學家的主要理由在於對「法學」這個學問本身的「科學性」——法學是否能夠稱為一種「科學」？——極度缺乏自信（至今仍然如此）；而宣稱自己的殖民乃是一種「理性的獨裁」（借用溝部英章的修辭）的殖民主義者，也亟需人類學的加持，以強化統治的正當性。[25]

二、第二個空白

相對的，挾著「科學」的光環，與價值中立的自信，人類學家在極為漫長的一段時間當中建立他們的論述，但卻似乎對於自己何以擁有能夠侵門踏戶針對「未開人」聚落進行田野調查的特權不甚了了。（說不甚了了實在只是一個禮貌性的措詞。在「文明社會」，這種侵門踏戶的行為，可以讓屋主開槍射殺侵入者而且阻卻違法。）

臺灣總督府曾在明治時期與昭和時期，兩度對原住民進行大規模的人類學調查。雖然「大義名分」上都是為了方便推動殖民統治，但此二者性質並不盡相同。明治時期舊慣調查會所完成的《蕃族調查報告書》，我曾經為文，指出其「將原住民視為學術研究踏腳石」的動機。[26]而昭和時期的《高砂族調查書》掌握了原住民人口動態的詳細調查，則配合國家總動員原則，開始更進一步地想要「改造」原住民，成為皇民的一部分[27]，因此可謂「原住民飛禽走獸論」的忠實繼承者。談到這裡，我們就進入了第二個空白狀態：殖民主義中人類學與殖民主義、人類學與法學、法學與殖民主義三者的融洽合作，究竟是在歷史的哪一個時點結束的？以及如何結束的？——如果這種合作真的已經結束了的話。

純粹就這兩門學科的世界性發展而言，至少在戰後各殖民地紛紛獨立成功之後，法學和人類學就毋須再受制於殖民主義，從而得到自身的學術生命。法學和人類學之間，也失去了實用性的連接點，開始愈行愈遠，甚至視同陌路。就法學的進展而言，則國家制訂法內容的粲然大備（「人」的同質性受到普遍的承認），使得「習慣法／活法」理論逐漸無用武之地；所謂的法人類學，只好成為法學領域裡邊陲中的邊陲。以現狀而言，讀法律的大多不知道人類學有什麼重要，而讀人類學的絕大多數聽不懂法律語言。那一段美好而古老的過往，隨著殖民主義的退場而遭到遺忘。而連接兩種學問，成了兩個學科中極少數好奇心最旺盛的「純粹學者」炫學或打發時間的高級嗜好。

或許這不是壞事。因為在歷史經驗中，法學與人類學的攜手合作，對於許多「非人」所造成的為害，確實比法學與人類學獨立作業時，對他們「分別造成的」危害來得嚴重。所以，「在歷史的哪一個時點結束的？以及如何結束的？」兩個問題，其實問得太模糊，我真正要問的是：這種殖民主義意義下的學門合作關係，是「在**臺灣歷史**的哪一個時點結束的？以及如何結束的？」

一般而言，一個學門意識到自己在政治上的幫兇性格，從而產生羞恥心的時候，就宣示了該學門與政治權力合作的終點。臺灣的人類學界在什麼時候產生這種羞恥心？我不太清楚，不敢妄言。但是法學家的自我反省，確實來得極晚，甚至就整個臺灣法學與實務法曹社群的現實面而言，可以說才剛剛邁出第一步而已。

很明顯的，僅就臺灣而言，法學家覺醒的契機並不來自於法學的內部自省，而來自於臺灣社會的民主化浪潮。所以我猜測人類學家的反省，可能也並不全然來自於人類學的自省，而相當程度來自於「被研究的客體」的造反——例如一九八〇年代的原運——所帶來的震撼。在那些激動的年代氛圍裡，不分學門，都有利於進步思考與力量的產生。而進步的思考與力量是積極的，是前瞻的，是講求結盟共鬥的。所以，面對著相同的敵人，過往那個不光榮合作的不光榮歷史，似乎變得不再重要，也毋須追究。重點是，隨著民主化的成功（在此姑且假設為成功），不但所有的「漢人」都跨過法律設定的門檻，加入了「人」的行列，連所有的原住民，也都進來了。

可惜的是，未曾進行轉型正義的民主化，終究無法真正解決歷史的不義。

三、現階段臺灣原住民族的處境與填補第三個空白的方法

由於二〇〇五年《原住民族基本法》的立法，使得臺灣的國家權力對原住民的權利保護得以貌似「先進」。這個假相，先前我們已經破解過了，不再贅言。只提醒一點：「原漢鬥爭」的主線，始終都集中在如何回歸到原住民族的傳統習慣與規範的尊重與保障。

而判斷的標準，便是土地的集體所有權是否成功復振。只要偏離／忽視這條主線，任何「先進」立法都是騙人的。

臺灣原住民的處境其實是很不「先進」的。因為憲法上的平等，似乎與歷史的不正義所造成的現狀／處境，有著太大的落差。換句話說，**殖民主義的傷痕並不因殖民主義的宣告終結而獲得痊癒。相反的，治療才剛要開始。然而傷痕是如此巨大，大到文化與族群認同的社會根基早就被破壞殆盡**。為了重新凝聚族群認同，原住民族的年輕菁英們，必須用盡所有他們能夠使用的武器來正當化他們的訴求。目前看起來最重要的訴求武器，是人權的普遍性以及文化的特殊性——而這兩者正好是法學家與人類學家的看家本領。換句話說，在一個與殖民主義時代完全相反的社會脈絡裡，不管是知識面或實踐面上，臺灣這個場域的法學家與人類學家，居然再一次得到了攜手合作的機會。而且這一次，很可能是非常光彩的合作。

有些嗅覺敏銳的法學家及人類學家，其實很早就察覺到**自己**的任務，但卻尚未明確意識到兩個學門**彼此**合作的可能性。

關於察覺自家任務這點，臺灣的人類學家遠比法學家進步得多。人類學在一九七〇年代就揚棄了戰前的單線進化論觀點，開始建構文化多元主義的可能性。因此臺灣原運的許多思想武裝，均來自於人類學家的提供；甚至為了補救原住民在殖民政權下被強迫罹患的民族失憶症，人類學家重新發掘了他們前輩（包括法學家）的人類學文本，以供原住民「回復民族記憶」之用。例如中央研究院民族學研究所重新翻譯的《番族關係報告》，便功德無量。

另一方面，法學家則在失去了人類學養分補給的同時，還得面對以施密特（Carl Schmitt）的「例外狀態」理論為藉口的獨裁政府對於啟蒙主義以來的「民主法治＝羅馬市民法」傳統的瘋狂攻擊，因此自顧不暇，沒有能力認清原住民族的真正需求。換句話說，法學家必須先對抗黨國戒嚴體制，否則連自身都難保。這種窘境必須要在一九九〇年代的民主化之後才稍微獲得改善。但隨之而來的，尚有主流社會如何面對轉型正義的諸多問題。儘管如此，在二〇〇六年司馬庫斯櫸木案之後，在捍衛原住民族權利的許多「國家vs.原住民」的司法訴訟中，法學家也重新意識到獲得其他學門支援的重要性。法學家們首先引用現行法律與憲法等普通法、引用原基法等特別法、引用國際人權法，然而最後卻發現，這些就法論法的法庭辯論，並不足以說服同是法律專家的檢察官或法官。這些人的專業訓練使他們長久以來相信「國民只有一種」，「法律也只有一種」，而且無法相信有任何曾經或至今仍有效存在的「原住民法」。律師、檢察官和法官都同樣需要人類學家站在證言臺上，以專家身分為被告作證。[28]

我覺得這是法學與人類學彼此需要的，最戲劇性的再一次交會。

修復式正義、轉型正義與臺灣原住民族

一、人類學調查成果在修復式正義法學上的運用

雖然在上一節之中，筆者對於殖民主義下人類學與法學的合作多所批判，但是過往人類學所累積的學術成果，仍然可以透過重新理解與詮釋，使之在修復式正義的理論中發揮正面的效益。至於當代人類學的研究成果，更不在話下。依照時間順序，首先可以回顧《番族慣習調查報告書》[29]中的記載。

整體而言，舊慣調查會的調查人員在《番族慣習調查報告書》中關於各族裁判慣習的紀錄，最能顯示出跨族群特色的，就是犯罪者原住民族盡可能以財產刑（贖財）取代身體刑（特別是死刑）的明顯傾向。第二個跨族群的特色，是沒有連坐制度，「罪不及妻孥父兄」，但贖財應由家產支付。[30]即便被日人視為「不出十年，……將會改廢固有的慣習，完全本島人化」的賽夏族亦不例外。[31]而各族所持理由，也極為近似。大致上不

出應報主義無用論以及同族相殘禁忌論兩種理由。例如：

私刑為古代番人報復及懲戒的手段，至今仍常被使用。一般而言，以牙還牙，以眼還眼，是他們古代祖先的理想。然而，若家屋被燒毀者必燒對方之家屋，妻子被姦淫者必姦淫對方之妻子，父親被殺者必殺對方之父親，則被報復者及其遺族也必對報復者再施以報復，其鬥爭將永無休止。結果必至同族相殘而滅絕。……古代對不法行為之裁判嚴厲，……但是現在一般都依交付贖財之方法解決。[32]

……不論故意或過失殺害，加害人和被害人的兩姓間因此發生仇敵關係。然而自古以來就忌諱同族互相傷害，所以這種情形通常會央請有勢力者從中仲裁，由加害人提出贖財了案。[33]

……私刑之權……若置而放任，則會造成弱者面對強者時無法行使其權利，反之，強者對弱者的報復行為又失於過酷……[34]

在此所謂的「私刑」，當然是殖民者觀點。日本帝國與其他壟斷司法的現代國家一樣，並不承認國家法以外的任何法律。但是從原住民族的立場而言，當然是「公刑」。

而且有趣的是，這種公刑「古代」嚴厲，「現在」則盡可能改用贖財解決。不要忘了，《番族慣習調查報告書》出版於一九一五年，所以此處的「現在」就是一九一〇年代。換句話說，早在至少一百年以前，絕大部分的臺灣原住民就放棄了機械式的應報主義。這樣的調查結果應該令自命文明的日本人相當困窘。比方說，日本調查者無法解釋何以卑南族沒有「放逐、絕交、私刑、死刑」，只好含糊地一筆帶過：

本族番民散居於肥沃的原野，由於土地糧食豐富且生活安易，因此並不像文明國度苦於種種困難所衍生之諸多犯罪。[35]

最值得一提的，是日本人亦驚嘆的，語言中只有「惡」卻無「罪」的用語的排灣族：

本族對於不法行為之制裁，普通採用收取贖財或體罰，另外亦罕有放逐、禁足等處罰。本族自古以來即幾未行死刑，無論何等重罪，亦以贖財、放逐等解決。……本族所謂體罰，並無因此而傷害犯人肢體等行為，僅止於扯髮、毆打（棒打，亦有拳打者）或踢踏。此方法如同父母對子女所行之體罰。[36]

從上述的記載，我們已經可以看到許多與修復式正義理念相重疊的原住民傳統規範。不過關於「社群」在犯罪加害人與被害人之間所扮演的角色，我們還得借助人類學家更進一步的觀察。

山路勝彥指出：

如同我所介紹的，研究泰雅族的學者曾指出：「縱使是個人的犯罪，也等於所有信奉gaga者的犯罪。」（李亦園等，一九六三）而從筆者所調查的賽德克族部落，也有「一個人犯罪，等於全部落的犯罪rutyaq kana'alang」的說法。這個說法非常富有啟發性。犯罪雖然是特定個人的違反行為，但犯罪者和其他的族人們在犯罪發生之前，即共有著相同的生活體驗，而從這種共同體驗觀之，同是信奉gaga者，是不可能與他人的犯罪行為毫無關聯的。……儘管是個人的違反行為，但是犯罪責任不由個人而由生活共同體負責，這正是泰雅族的習慣法，亦即gaga的精神所在。37

當然，「一人犯罪，全族犯罪」的思想並非源自托爾斯泰式的人道主義，而是源自泰雅族的傳統宗教觀。殺人、婚外情、離婚等違反部落重大戒律的行為，對於泰雅族人而言，均是對於神（Utux）的秩序的褻瀆，神將對全族人施予懲罰與災厄。所以當犯罪發生之後，處置的重點並不在懲罰加害者，而在於重建瓦解的世界秩序，平息諸神的憤怒。從而，與其將加害者「繩之以刑」，毋寧要求加害者自承錯誤，向被害人及部落悔罪道歉、謫居禁足、提出贖財並創設象徵和解的共食行為。通過這一連串的過程，加害人的罪行才能洗淨。山路勝彥特別指出，此處所謂的「罪行的洗淨」並非單純的外在行為，而是「消解當事人們內心的葛藤」。[38]憎恨、恐懼、憤怒、懊悔、虛張聲勢、報復以及再報復，凡此種種，均是「不吉之物」，無助於世界秩序的恢復以及諸神怒氣的平息。

吳乃德在論及捷克於一九九一年通過的，在各國轉型正義案例中最嚴厲的「除垢法」（Lustration Law）之際，曾順道指出該法名稱「來自拉丁文的lustratio，意為『藉由犧牲以完成潔淨』」。[39]但羅馬帝國的古俗，比較接近上述泰雅族的「犯罪淨化」傳統規範，兩者均以牲獸而非以「牲人（人身／人格）」[40]為犧牲以求淨化除垢。再者，泰雅古法的除垢也不是只除去加害人的汙垢，還必須將整個社群的汙垢一併除去。我們可以說，泰雅族的除垢，目的在於使社群（包括加害人與被害人）盡速恢復正常生活，因此是一種面向未來的除垢。這個特質，使得泰雅族修復式正義的古法，同時也兼具了南非型轉型正義的理念。

瑪莎・納思邦（Martha C. Nussbaum）對於「人們對於邪惡的反應」的精采描述，有助於我們繼續挖深泰雅古法純樸的外表下所蘊藏的智慧。納思邦說：

> 許多人相信納粹恐怖的那個文化只不過是一種畸形的怪物與脫離常軌的情形。我們通常告訴自己，兇惡的罪犯是怪物，一點也不像我們。……邪惡在外面，異形與我們沒什麼關係。……藉由將邪惡之人視為噁心的，我們才能方便地使他遠離我們。反之，當我們不用噁心來描述納粹，而將納粹描述成跟我們共享相同特徵的人類時……這麼做就會拉警報。因為它要求自我審視，警告我們如果我們在類似的情況下，很可能也會做同樣的事。
>
> 我們必須面對自己可能變成他們的事實，而這件事在某種重要的意義上意味著「我們已經是他們」：我們恐懼、虛弱無力、道德盲目，所以也能造成同樣的邪惡。[41]

二、原住民族傳統規範的現代適用

目前外國已經有許多將原住民族傳統規範實際運用在修復式正義的案例，最經典的當然是紐西蘭毛利族的「家族集團會議」，以及接著衍生的立法《兒童、青少年及其家庭法案》（*Children, Young Persons and Their Families Act*, 1989）、「法院委託之修復式正義協議會」（Court-Referred Restorative Justice Conference, 2001）、《量刑法案》（*Sentencing Act*, 2002）等等。[42] 國內也有不少有識之士建議自原住民古法中求取修復式正義的靈感，應用在現行法制之中。但是這些運用原住民傳統智慧以解決當代市民法體系社會（包括被摧毀的原住民傳統社群）犯罪的立法實例，並非本文關心的重點。本文關心的是：**如果這類的立法就是修復式正義的實踐，那麼這種實踐究竟修復了誰的正義？**而這個疑問，必須要先從原住民族傳統規範的現代適用——當然得以修復式正義為例子——談起。

許多臺灣的政府調查報告，以及人類學家、社會學家的研究均不約而同指出：原住民族社群的犯罪情形有愈趨嚴重之勢。[43] 其所以如此，均與原鄉傳統社群結構遭到主流社會破壞解體而愈呈弱勢有關。因此也開始有犯罪學的研究者建議應該援引國外之例，將修復式正義的概念，重新引進原鄉，以彌補現行司法制度的不足。首先，請容筆者引用一篇相當傑出的碩士論文的兩段內容。第一段可以瞥見作者的基本思路：

> 由上述統計資料可見原住民不論在人口結構、壽命、教育程度、勞動經濟上屬於社會中較為弱勢的一群。LaFromboise & Rowe 認為當原住民的弱勢文化面對強勢文

化衝擊時，會遭遇文化衝突與壓力，當其無法因應壓力時，即會產生反社會行為，容易導致犯罪因素的促發。……上述調查研究及統計數字均顯示臺灣原住民涉入犯罪的比例同其他國家，皆高於原住民在總人口的比例，此狀況值得關注。原住民涉入犯罪比例高，現有的刑事司法體系是否適合其特殊的民族性、文化性及弱勢的社會環境值得深思。……如果說原住民過去傳統的解決紛爭方式，符合當今的修復式正義精神，並在被害人損害方面能提供更有效的復原與心理支持，則復興原有解決紛爭模式對於在許多方面屬於社會弱勢族群的原住民勢必將更有幫助。[44]

第二段則是以建議的方式呈現的結論：

一、推廣符合修復式正義精神的和解型態，有效幫助被害者降低損害，減少現行司法訴訟源。二、於泰雅族社區內正式發展各類修復式正義模式，有效解決衝突、幫助被害者復原。三、尊重多元文化，避免同化政策。四、改善原住民刑事司法地位，提供程序正義。[45]

引用這兩段文字的理由，是因為這樣的思路與建議，都很符合臺灣（以及其他擁有原住民族的民主國家）主流社會中，較有反省力且對原住民較友善的知識社群的一般見解。不過，這樣的見解，其實有很大的思想漏洞。

在修復式正義理念與現代市民法理念的攻防戰中，類似的見解經常被抨擊為過分樂觀而不切實際。根據喬斯頓的整理，抨擊者至少有三大理由不同意修復式正義的古典共同體傳統能夠在當代復活：（一）在西方現代資本主義與工業文明的壓倒性勝利之下，早就萎縮不堪的地域性共同體豈有正常運作修復式正義的餘地？（二）國家法與共同體的習慣法之間的緊張關係要如何化解？（三）共同體固有的、象徵性的正義回復方式，若不為共同體以外的他者所接受時又該如何？筆者認為，第三點其實早已被前兩點所涵攝，在此毋須討論。針對前兩個質疑，喬斯頓除了提出自己的解答之外，基本上均引用布萊斯偉特的明快而充滿機智（但未必具有說服力）的答辯。對於第一點，布萊斯偉特自始就拒絕接受批判者想當然耳的、人類世界早就已經從「共同體」(gemeinschaft）完全過渡到「社會」(gesellschaft）的單線進化論前提。換句話說，「現代先進社會」，其實比批判者所想像的要來得更為「共同體」。何況他根本就不認為加害人與被害人均強烈認同的「共同體」非得是「地理的／地域的」共同體。環繞在啟蒙以來被想像的「個人」

身邊的各種人際網絡的、職業與休閒的、市民團體型的共同體一樣可以發揮作用。若不論利弊，則網際網路的「同溫層」，就是最具代表性的新興共同體。對於第二點，一般的修復式正義論者均主張他們並非要奪取國家的法律主權，而只是要求在違法行為發生時，對於犯罪者的處置不應由國家壟斷，而應該交由共同體公開討論與決定。這是最制式而且最受國家歡迎的通說。可是共和主義者的布萊斯偉特則回應：「修復式正義最了不起的一點就是，只對於當然應該被視為犯罪的犯罪發揮其功能。假如在一個自由的討論空間中，市民團體的對話與協議並不能達成『猥褻行為是犯罪』的合意，猥褻就不應該被視為犯罪。」[46]

布萊斯偉特的第一個答辯雖然精采而充滿前瞻性，但是仍有不足之處。筆者認為，第一個批判還有一個嚴重的謬誤，就是以承認現狀為前提（承認現行司法制度、承認全球化現象、否認地域社會的發展可能性，以為地域共同體只有被同化或式微兩條路）。但是修復式正義卻是以否定現狀、改革現狀為前提。現狀是數百年的累積，憑什麼要求改革必須獨負「現實可行」的責任？而且現狀雖然是數百年的累積，但是一旦出現難以逆轉的正義破綻，就必趨於毀滅；而相對的，萎縮不堪的地域性共同體，只要能夠證明自己可以解決當前正在發生的正義破綻，就有再生的價值與潛力。[47]這一點之所以重要，是因為可以用來破解上述碩士論文所代表的一般性迷思：在西方現代資本主義、工業文明與殖民主義的壓倒性勝利之下，早就萎縮不堪的原住民地域性共同體，豈有正常運作修復式正義的餘地？依照該論文所代表的思路推論，則原住民族的高犯罪率來自於其全方位的弱勢，而其全方位的弱勢又來自於與現代國家的歷史性邂逅。那麼解決原住民高犯罪率的根本之道，應該是終止國家的介入，怎麼會是提倡國家司法系統在原鄉實踐修復式正義？何況，這個只會摧毀原住民族的國家所施行的現代法律，理論上既不如傳統規範能夠保護原住民族的權利（否則何來此論文），實務上又已經被歷史證明無心保護原住民族的權利，那麼，為什麼不推位讓國，把原住民的正義還給原住民自己去決定，卻要大兜圈子，要在原住民部落裡推動什麼「修復式正義的復活」，而且還只能是補貼現行國家法之不足的修復式正義？

布萊斯偉特的第二個論點容易引起爭論（甚至引起同路人的不安與反對）是可想而知的。這是一種兩面之刃的論點。純粹就弱勢保護的功能而言，國家的立法／司法壟斷權似乎比修復式正義的共同體協議在實務上更能保護弱勢（預防多數暴力）。但另一方面，這種現代法理論的理想也不見得比修復式正義更切實際，例如以「國家利益」或「公共利益」之名行侵害個人或團體之實的法律，往往是少數人所決定的（在臺灣，我們對這種事情一點也不陌生）。布萊斯偉特說：

> 毫無限制的權力會產生兩種型態的犯罪：第一種是統治者的濫權所造成的剝削性的犯罪（國家的犯罪）；第二種是因為被剝削到貧無立錐，憤無可洩，因此鋌而走險的，被統治者的犯罪。[48]

這段話其實已經代替筆者回答了，為什麼我覺得上述研究生的這一類論文，以及在其背後提攜的師長群，乃至於法務部的「主流見解」，在思路與結論上均有很大的思想漏洞。因為他們談原住民族的修復式正義，只看到第二種型態的犯罪，卻對於第一種型態的犯罪輕輕帶過。易言之，就是沒有把轉型正義考量進去。

結語

若說現代臺灣的歷史，是一個連續殖民的歷史，那麼在臺灣這個場域裡曾經登場過的所有族群之中，其絕對弱勢的處境從未有所改變，而且仍然處於被殖民狀態的，就只有原住民各族。就本文的主題而言，可說臺灣的原住民各族弱勢到了連轉型正義的「討論」都很少被納入考量。[49]而雖然有少數慧眼炯炯的學者已經注意到臺灣原住民族傳統規範中具有許多修復式正義的因子，不過畢竟是極少數，而且也毫不足以改變原住民族的傳統文化與規範持續被毀滅的現實。但是在臺灣這個多族群社會裡，我們卻幾乎看不到原住民各族對主流社會使用仇恨語言（hatred languages），遑論暴力復仇（反而是所謂的廣義「漢族」之間經常在上演這種戲碼）。這種少數對多數的寬容，被害人對加害人的寬恕，對於社會終將回復正義與正常秩序的信心與等待，正是修復式正義與轉型正義精神的最佳詮釋。而我認為，這種寬恕的態度，至少從戰後起算，已經成為一個原住民跨族群的「嶄新的傳統規範」。他們用自身的苦難，向主流社會的加害者與社群殷殷解說：什麼是修復式正義，什麼是轉型正義。但是他們從臺灣主流社會得到的回應，可說冷漠到了極點。

如果與紐澳美加等國相比，我們可以發現到一個弔詭的現象：當臺灣開始以及愈發意識到修復式正義的重要性的時候，我們就愈發瞭解原住民族傳統規範對於我們的啟示有多麼重要，但是這些傳統規範卻幾乎已經被破壞得奄奄一息。我們踐踏信奉修復式正義的民族，而且宣稱修復式正義很重要。

這個現象或許可以用法律史的往事來形容：

蠻族消滅了羅馬帝國，卻繼承了羅馬法。

當然，這個形容諷刺的成分居多，比較正確的形容應該是：

我們是法律典範的海盜。

忽略原住民族的轉型正義，持續破壞原住民族的文化，卻在臺灣主張修復式正義——雖然未必是有心的偽善，但顯然本末倒置，成功的機會微乎其微。同理，未經一次徹底的轉型正義的震撼教育，則修復式正義在臺灣，永遠只能是應報型司法掩飾其苛酷無情的裝飾品。對於更為深層的、獻祭型的社群共同體的法文化[50]，更加起不了什麼變革的作用。說得保守一點，就是修復式正義不會有什麼真正的發展；說得坦白一點，就是這種不用在重大犯罪而用在微罪、違反秩序甚至只是「道德」教條（這類現行刑事司法制度無暇顧及的部分）的修復式正義，還可能會擴大現行刑事司法制度的勢力範圍。[51]那麼，這真的是對修復式正義的提倡者最大的諷刺了。

注釋：

1 Carlos Santiago Nino, *Radical Evil on Trial.* Yale University, 1996. pp. 107-134.

2 法務部推動修復式正義——建構對話機制、修復犯罪傷害計畫（2010/10/8）：「本部推動修復式正義，以人本觀點化解犯罪問題，藉由建立一個以被害人、加害人及社區（群）為主體的恢復性司法運作機制，以尊重當事人之意願為前提，建構安全且溫暖的對話環境，促使兩造共同決定恢復犯罪傷害之方案，並以關係修復為目標導向，賦予被害人、加害人個人及家庭再整合的契機，進而延續社會修復能量。」但在實際推動之際，則大多是「針對不同學程編製教案教材，以融入學校生活或法治教育，讓學生從小學習以『修復式正義』處理校園的衝突事件、促成同儕與家庭之和好」。或者「推動法務部『修復式正義』及『易服社會勞動－春節送暖 人間有愛』－『媽祖福佑、馨動奇蹟』社區關懷專案」之類的，訴諸「人間有愛」的奇妙行動。

3 ゲリー・ジョンストン（Gerry Johnstone），《修復司法の根本を問う》（西村春夫監訳，成文堂，二〇〇六），「日本語版への序文」。

4 日本國內討論戰爭責任者甚夥，但未見有將轉型正義理念運用於其中者。筆者所知的唯一例外是土田久美子對於日裔美國人與旅美日裔祕魯人的補償請求運動的討論。即使如此，土田所使用的關鍵字也不是轉型正義與修復式正義，而是「redress/reparation」。土田久美子，〈過去の不正義に対する法的救済の意義と限界——在米日系ペルー人による補償請求運動を事例として〉，《刑事司法の大転換（法社会学第72号）》（日本法社会学会編，有斐閣，二〇一〇），頁二二四－二四九。

5 例如個人主義、司法的國家壟斷、社群／共同體主義的排除等。

6 高橋則夫，《対話による犯罪解決——修復的司法の展開》（成文堂，二〇〇七），頁六三以下。同作者《修復的司法の探求》（成文堂，二〇〇三），頁七四－七五。

7 美國是一個比較特別的例外，所以筆者將之歸類於第二種模式。而德國雖然沒有原住民族，但卻是轉型正義的大行家。關於德國的修復式正義的實踐，參照高橋則夫，〈世界の修復正義ドイツの修復的司法〉，《罪と罰》第三十九巻第二期（日本刑事政策研究会，二〇〇二年二月），頁五二—六〇。

8 ハワード・ゼア(Howard Zehr)，《修復的司法とは何か——応報から関係修復へ》(西村春夫、細井洋子、高橋則夫監訳，新泉社，二〇〇三)，頁一八四。

9 前引書，頁二一三—二一四。

10 吳乃德，〈轉型正義與歷史記憶：臺灣民主化的未竟之業〉，《思想季刊》第二期（二〇〇六年七月），頁一—三四。

11 ジョン・ブレスウェイト(John Braithwaite)，《修復的司法の世界》(細井洋子、染田恵、前原宏一、鴨志田康弘訳，成文堂，二〇〇八)，頁二〇二—二三九。

12 璐蒂・泰鐸，《變遷中的正義》(商周出版，二〇〇一)。至於屠圖大主教的基督教精神，在臺灣也不是主流。臺灣的主流是：除了廣義的基督教之外，尚無任何其他主流宗教領袖出面贊成廢除死刑。

13 這兩個疑問其實出於同一個疑問：臺灣轉型了嗎？

14 ゲリー・ジョンストン(Gerry Johnstone) 前引書，頁三三—三七。

15 根據中央研究院社會學研究所二〇〇八與〇九年的「臺灣社會意向調查」報告指出：臺灣民眾認為法院判決不公平（包含「不公平」與「很不公平」）的約占五三%，認為公平（包含「很公平」、「公平」及「還算公平」，以下相同）的只有三八%；認為法律制度不公正的約占五〇%，公正的只占四三%；同意法律已經充分保障人權的約占三五%，不同意的卻占了五九%。民眾信任法院的比例為三八%，不信任的則占五二%，另有近一〇%的民眾表示無法判斷。

16 吳乃德前引文，頁十二。

17 吳豪人，〈臺灣經驗？轉型正義的悖論〉，二〇一一年輔仁大學法律學院主辦「島弧人權：亞洲人權的理論，實務與歷史」國際研討會報告論文。

18 本節部分內容摘引自二〇一一年三月二十八日筆者於中央研究院民族學研究所演講時之未公開演講稿。

19 村井紀《(增補・改定) 南島イデオロギーの発生——柳田国男と植民地主義》(太田出版,一九九五),頁八—二十六。

20 吳豪人,〈岡松参太郎論〉,《林山田教授退休紀念文集》(元照出版社,二〇〇四),頁五一一—五八五。

21 坂野徹,《帝国日本と人類学者(一八八四—一九五二)》(勁草書房,二〇〇五),頁三。

22 ジョルジョ・アガンベン(Giorgio Agamben),《ホモ・サケル——主権権力と剥き出しの生》(高桑和巳訳,以文社,二〇〇三)。

23 例如德國的人種法學家波斯特(A. H. Post),比較法學家柯勒(Josef Kohler),殖民法學家岡松参太郎等人,都是最好的例證。

24 吳豪人,〈飛禽走獸如何成為炎黃子孫〉,國史館二〇〇五年一月一日第八屆中華民國史專題研討會報告論文。

25 這就說明了,為什麼岡松参太郎們和後藤新平們,都能接受如青山道夫們的見解:人類學是一門足以幫助殖民統治減少成本、避免遭遇抵抗及確保統治順利的「科學」。

26 吳豪人、黃居正,〈對市民財產制度的再檢視:由司馬庫斯部落公約到自然資源的歸屬〉,《臺灣國際法季刊》第三卷第一期(二〇〇六),頁二〇七—二六三。

27 坂野徹前引書,頁二四六—二四九。

28 關於這一類的經典案例,包括國內的和國外的案例,例如日本阿依努族的二風谷訴訟、加拿大的「凡德皮判準」(Van Der Peet Test)或者司馬庫斯櫸木案等等。

29 臺灣總督府臨時臺灣舊慣調查會《番族慣習調查報告書》全五卷八冊。為了向當代人類學家致敬,此處不使用日文原書,而使用中央研究院民族學研究所重新編譯的中文版。

30 例如第一卷(泰雅族),頁二五三—二五八;第二卷(阿美族/卑南族),頁一二七—一三一。又,贖財由家族共同支付乃原住民族的財產法規範的必然結果，與連坐制度無關。例如第四卷（鄒族），頁二〇二－二〇四。

31 第三卷（賽夏族），頁一三八。

32 前引第一卷（泰雅族），頁二五三－二五四。

33 同前注。

34 第五卷（排灣族）第四冊，頁二九。

35 第二卷（阿美族／卑南族），頁三七二－三七三。

36 前引第五卷（排灣族）第四冊，頁二九一－二九二。

37 山路勝彥，《臺湾タイヤル族の一〇〇年——漂流する伝統、蛇行する近代、脱植民地化への道のり》（風響社，二〇一一），頁一一三－一一四。

38 山路前引書，頁九二。

39 吳乃德前引論文，頁三。

40 http://en.wikipedia.org/wiki/Lustratio。另見阿岡本的 *Homo Sacre*。

41 瑪莎．納思邦，《逃避人性：噁心、羞恥與法律》（方佳俊譯，商周出版，二〇〇七），頁二五八－二六〇。

42 藤本哲也編，《諸外国の修復的司法》（中央大学出版部，二〇〇四），第一至四章。

43 例如陳漢瑛、何英奇，《臺灣原住民與非原住民青少年物質使用行為之預測：文化價值、態度、信念、社會控制與自我控制等因素（第二年）》（行政院衛生署研究計畫案報告，二〇〇二）。黃淑玲，〈變調的「naasal」：婚姻、家庭、性行業與四個泰雅族聚落婦女 1960-1998〉，《臺灣社會學研究》第四期（二〇〇〇），頁九七－一四四。

44 洪千涵，《修復式正義對被害者損害影響——以泰雅族為例》，國立臺北大學犯罪學研究所碩士論文，二〇〇八，頁六－八。

45 同前注，頁一二五－一二七。

46 ゲリー・ジョンストン（Gerry Johnstone）前引書，頁五六—六八。

47 例如永不饜足的資本主義財產權理論，對地球環境產生的威脅，就可以藉由原住民族的傳統規範「土地不屬於人，人當屬於土地」重建一套符合環境權思想的財產法理論。參見吳豪人、黃居正前引論文。

48 ジョン・ブレスウェイト前引書（John Braithwaite），頁二二〇。

49 當然也有少數例外，例如吳叡人，〈臺灣高山族殺人事件：高一生、湯守仁、林瑞昌事件的初步政治史重建〉，二〇〇七年二月二十六日臺北市文化局及中央研究院臺灣史研究所合辦「紀念二二八事件六十周年」學術研討會報告論文。

50 根據前引中央研究院社會學研究所「臺灣社會意向調查」報告指出：在「法官（法院）難免會犯錯」的前提之下，臺灣民眾認為把「沒有犯法的人判成有罪」比較嚴重的約占三三・七七％，把「有犯法的人判成無罪」比較嚴重的卻占了四七・三二％。

51 關於此種危險性，可參考ジョンストン（Gerry Johnstone）前引書，頁二〇一—二〇三。

終章 原住民族在法律思想史中的定位

「學界、社運界聲援布農族獵人王光祿案連署書」

二〇一五年十月二十九日，最高法院刑事第八庭，對於布農族人王光祿先生不服高等法院判決「非法持有槍枝」與「非法獵捕保育類野生動物」兩項罪名提起上訴，均認為無理由而予以駁回，維持臺東地方法院一審判決「有期徒刑三年六個月併科七萬元罰金」，全案定讞。王光祿先生必須在今年十二月十五日入監服刑。

原住民族依其數千年來傳統文化權所為之採集、漁獵，遭受外來殖民國家貶抑為野蠻或犯罪行徑，動輒將其入罪。自中華民國政府來臺，以迄上個世紀末，遭此歧視性法律判決有罪定讞者，據信超過數萬餘件。二〇〇五年《原住民族基本法》立法，以及二〇〇六年司馬庫斯櫸木案判決之後，這些殖民法制才逐漸鬆動，而原住民族依其文化權所為之採集、漁獵權，也在判決實務當中逐漸獲得平反。然而所謂「獲得平反」，背後不知道付出了多少原住民族人的犧牲與努力，才緩慢地「教化」了中華民國的法官們，放棄現代市民法與國家法本位的心態，逐步跟上國際人權法的水準。

然而王光祿案的有罪定讞，又把努力踢回到了原點！

我們認為，各審級法院對於法條限縮解釋，已經到了「窮盡一切努力入人於罪」的酷吏思考。以本案為例，《槍砲彈藥刀械管制條例》第二十條規定原住民未經許可製造、「持有」自製獵槍供生活之用僅行政罰而已，但本案法官卻增加自製獵槍需基於原住民傳統文化方式製造或取得等不確定法律概念之限制，認定王光祿之獵槍或係「撿拾」而來或子彈裝填方式不符原住民傳統等理由，而無該條文之適用，另王光祿非以狩獵維生，狩獵山羌、山羊供家人食用非傳統文化之行為，不適用《野生動物保育法》第二十一條之一之規定為由等等荒謬理由判決有罪，完全忽視《原住民族基本法》第十九條及《經濟社會文化國際權利公約》第十五條保障文化權之人權規範。

據法扶律師指出，已近六旬的王光祿為家中重要支柱，上有九十四歲母親，下有兩歲稚孫需照料，雖本身患有疾病需每日服藥，但仍悉心呵護家人，如入監執行將造成人倫悲劇。

在此我們緊急呼籲：

一、請臺東地檢署延期王光祿之入監執行。

二、請法律扶助基金會為王光祿聲請非常上訴及大法官會議釋憲解釋，

三、檢察總長顏大和應准予為王光祿提起非常上訴。

四、馬英九總統應立即啟動特赦。

五、立法委員應立即檢討修正《野生動物保護法》第二十一條之一與《槍砲彈藥刀械管制條例》第二十條對於原住民族狩獵權種種限制，制定原住民族狩獵採集專法。

六、司法院應立即提出原住民專庭成效報告。

七、要求檢警單位與法院，在處理原住民族文化權密切相關之案件時，應深切體認《聯合國原住民族權利宣言》、兩大《人權公約》與我國《原住民族基本法》維護原住民族人權之精神，慎重處理，不可恣意濫權限縮或擴張解釋，羅織入原住民族於罪。

連署發起人團體：

小米穗原住民文化基金會……等。

二〇一五年十二月七日

「平均人」與「異形／怪物」

以上的連署書，是二〇一五年十二月六日，筆者與法律扶助基金會臺東分會的執行祕書陳采邑律師，在獲悉最高法院對布農族獵人王光祿做出有罪判決定讞之後，連夜趕出來的。因為救人急如救火，又得考慮到主流社會中各種現實權力的力學關係，沒有一句話敢說死說絕，沒有一方敢得罪盡淨。結果，就變成這麼一篇抗議中夾帶著求情、既說理又希冀著主事者良心發現的軟弱宣言。**完稿之後，筆者只覺得身心俱灰，對於中華民國這個國家，對於這個國家的司法，甚至對於自己，都陷入深深的絕望之中。中華民國對於原住民族的迫害沒完沒了，做為正義最後防線的司法，卻總是耽溺於自我完足的法體系解釋論的無限迴圈裡而不自知。**為什麼一個能夠認識、承認文化差異並以之為判決前提的司法體系，可以得到如此明顯不義的結論？很簡單，因為在承認多元文化價值的表面前提背後，隱藏著的，是「承認其中一個文化的優越性，超越其他並存的文化」的真正前提。而這個真正的前提，使得一切對話，都變成純粹浪費時間。[1]

以個人主義、社會契約為基本設定的現代法體系傳統，包含著一個「平均人」的虛擬前提。從啟蒙主義時代的思想家乃至於羅爾斯（John Rawls），都預設了：社會契約論下的社會規範，是一群「普通（＝正常）、理性、身心健全的人，為了互惠而聚集在一起，決定脫離自然狀態」，因而設立法律以「治理自己」。這群「平均人」先是立法的主體，然後才是受治理的客體。社會契約取徑的正義論，至今仍是人類社會最偉大、效力也最廣泛的正義論。而且，「平均人」理念，對於「平均以上的人」——權勢、財力、領袖魅力（charisma）等均遠超乎「平均」的個人，以及最重要的「國家」——可以說異常警戒。這個傳統，更讓社會契約取徑的正義論獲致重大的成果。例如「三權分立」的設計，其實應該理解為「三權分化」，不但將權力集中視為至惡，更要在政府設計之上，自始埋下權力內部自行分裂、競爭的因子。

對於「平均以上的人」異常警戒是健全現代司法的重要法門。在臺灣，許多司法改革的努力，都以此為基礎。然而，這種偉大的正義論有一個很大的破綻，就是它保護占大多數的「平均人」，警戒「平均以上的人／國家」，卻對於「平均以下的人」的保護仍然很有問題。在歷史上，「平均人」——也就是權利主體——其實始終有門檻限制。除了「理性、身心健全、擁有自由意志而且可以清楚表達其自由意志」之外，十八世紀的預設，基本上還包括了「成年白人／男性／基督徒／一定教育程度／擁有一定資產」。有很長的時間，非白人／女性／兒童／無產勞工都被排除於「平均人」之外。時至今日，「平均人」的門檻已經大幅降低，國際人權公約已經將全體人類視為人權的主體。但是各國的國內法層次，則未必盡如人意。例如「身心障礙者」，正是甚少被「平均人」的虛構（fiction）考量進來的，「平均以下的人」。

雖然在歐洲中世，對於身心障礙者曾賦予一種特殊的地位（例如愚人船、狂歡節），但是在啟蒙主義之後，或者用傅柯的說法，在現代國家興起，結合啟蒙理性傳統，轉化中世的「死亡政治」改變為「生命政治」之後，這個傳統已經中斷了。身心障礙者不但不是社會契約的「締結者＝權利主體」，反而是公民社會的負擔，國家民族的恥辱。同為「異形」，「平均以上的人」應被提防；但這些「平均以下的」弱勢者，則應該被隱匿、被排除。納粹政權就是生命政治的一個高峰：「身心健全」是國民／公民的「義務」而非權利。即使到了如今，許多國家講究社會福利，講究身心障礙者的保護，但是心態上仍然將之視為受憐憫的客體、「可憐人」甚至於「怪物」（尤其是當他們犯下了令人髮指的罪行），並不積極地肯認他們做為社會契約締結者的主體地位。我的證據是：當這些「平均以下的人」溫馴忍受自己的不幸，那麼他們就是「可憐的=可以被施捨的」「客體」；但是一旦他們變得「凶暴」，甚至只是「可能」變得凶暴——特別是當他們成為刑事案件的加害者，或潛在的加害者的時候，「平均人」社會便毫不手軟地將之排除。

臺灣的情形就是很好的例子，完全符合納思邦所說的「社會契約論的大前提」：精神障礙者根本不算社會契約的當事人。我們對於「平均以下的、凶暴的人」一向不餘遺力地排除。對於死刑犯精神鑑定的輕忽與不以為意，或者臺灣的《精神衛生法》中對於精神障礙者強制拘禁的規定等等，都是很好的證據，更別提媒體與社會的驚人偏見與歧視了。身心障礙者就是「怪物／非人類」。既然是「怪物／非人類」，自然非吾等「平均人／理性人」所能理解，也毋須理解，直接排除，便是社會成本最低的正義。

身心障礙者的權利未受妥善保護，其實正是「平均人正義論」的最大破綻。這也是為什麼納思邦與諾貝爾獎得主經濟學家沈恩（Amartya Sen）不約而同地以「能力取徑」（capability approach）理論挑戰羅爾斯正義論的原因。因為平均人的正義論，並不足以達到我們追求「值得人性尊嚴的生活」的目的。如果再加上傳統經濟學的效益主義，甚至於更嚴重的全球化資本主義的大力加持，這將更弱化原本就有重大破綻的平均人正義論。換句話說，全球化資本主義瓦解了理性的公民社會的代表——中產／中智階級的存在，重回十九世紀的貧富嚴重二元對立的階級時代。這樣一來，連「平均人」的存在都將岌岌可危，更不用說「平均以下的人」，更更不用說「平均以下的、凶暴的人」的權利保護了。納思邦曾說道：「人類普遍都是殘障的：必死，視力變差，膝蓋、背部頸部也糟，記憶力又短暫。然而，當大多數人（或最有力的團體）有這些殘障時，社會就會自我調整，以顧及這些殘障。」換句話說，這些就「不算殘障」。而如今我們界定為「殘障的」，就屬於「非典型的殘障」。這就造成了「普通公民的公共世界」與「身心障礙人士的隱藏世界」，而後者的世界，往往無權利可以棲身之處。如果不打破這種人為的迷思，以及其所帶來的巨大不平等，恐怕未來「普通公民的公共世界」將日益縮小，而「身心障礙人士的隱藏世界」卻將不斷擴大了。

現在，我們要注意的是：**在臺灣，「平均以下的人」並不只是身心障礙者。如果將「身心障礙者」換成「原住民族」，也完全適用。只要不願接受主流社會同化的原住民，根本就可以直接類推為身心障礙，直接被列入懲罰、圈禁甚至排除的黑名單。**

如何證成中華民國法體制下的原住民族人權

如何證成「中華民國法體制之下，原住民族權利的存在」——特別是癥結所在的、土地所有權的存在，是一個令筆者由衷生厭作嘔的議題。一言以蔽之，原住民族的諸權利至今未能回復，基本上源自於原住民族傳統規範與現代歐陸市民法體系的衝突對峙；二十一世紀以後的資本主義全球化現象，則又加深了彼此之間衝突的無可調和性。

讓我們再來簡單地複習一下，我個人研究史的三階段論。

一、「現代市民法物權體系無謬論」

以最核心的土地／財產權為例，過去三十年來，筆者曾分別就兩者對於財產權的基本假設，進行思想史的全面釐清，試圖調和兩者。

在上個世紀結束之前，市民法體系有現代型國民國家的加持背書，看起來如此根基深厚不可撼動，因此構想的解決之道，便偏重於策略與立法技術；換言之，即是尋找原住民族土地權的市民法物權基礎，從而在不破壞市民法物權的前提之下，說服國家創設新的物權規定。

但現在我們已經徹底醒悟了。這是一種以臣服市民法強權支配為先決條件的委屈求全，可惜國家、主流社會與法律人並不領情。何況這種委曲求全所預設的「現代市民法物權體系無謬論」，根本不是真的。所以這個卑微的幻想，可以捨棄了。

二、「現代市民法物權體系破綻論」

於是，下一步便是證明現代市民法體系自稱的權利保護能力，不但有其極限，甚至已經瀕臨破產；而解決之道，就是要尋求一個嶄新的權利保護的法律典範。配合第三世代人權的發展，與《聯合國原住民族權利宣言》的問世，將原住民族傳統規範中的財產／土地權觀念賦予現代解釋與意義（例如從環境權的角度，證明原住民族傳統規範正是保護環境最有潛力的新典範）。甚至還透過與財產權表面無涉的其他規範的再詮釋，證成傳統規範的先進性——比方說從原住民族沒有死刑、原住民族的修復式正義，並以此反證漢人刑法體系對生命權的不尊重，以及刑事司法思想的狹隘與落後。最終更證明：原住民族的修復式正義思想，是臺灣轉型正義的上位理論。然而實際上，原住民族卻是臺灣各族群歷史中永遠的被害者。因此臺灣主流社會談轉型正義，卻避開原住民族，不但絕對行不通，而且還會成為「消滅了羅馬，卻繼承了羅馬法的典範海盜」。

三、「現代市民法物權體系陰謀論」

以上這些長年來的思辨努力，雖然並未達成什麼顛撲不破的永恆真理，筆者自信至少比不斷偏離正義、卻宣稱其為唯一正義的市民法體系，更能保障所有人的權利。**筆者強烈主張：市民法體系與原住民族傳統規範，合則兩利，前者強壓後者則害己誤人。可惜這個主張仍然聽者藐藐**。即便在二〇一六年，蔡英文總統代表中華民國以及（她無權代理的）所有歷史上的外來政權，向原住民族道歉的一年之後，在歸還傳統領域的處理上，仍然以張景森者流的全球化資本主義立場為國家立場，強分公有地與私有地。這個政策決定證明了總統的道歉並沒有進化，仍然是過去二十年那一套惠而不費的補貼性施捨。事已如此，**此時，「合則兩利」就不再是重點，重點必須移到原住民族的「自救」——漢人執意要搭沉船，原住民無力阻止，但至少可以拒絕上船**。因此獨立、自治、一國兩法域等等，就成了最終的關鍵字。

筆者的「現代市民法物權體系陰謀論」，源自於對「將原住民族傳統習慣納入國家實證法」的「善霸主義」所產生的懷疑。

在原基法架構之下，討論在現行民法體系中另行創設新物權，或者試圖以總有論、入會權或祭祀公業等現代市民法，為原住民土地權進行補貼式的正義，不但落伍，甚至顯得可笑。可是現實上真正可笑的卻是原基法，因為這是一部連立法者以及行政權都無心遵守的空殼子法律．正因為如此，實務的法律人才不得不重新著眼那些落伍過時的市民法概念。但是其舊瓶子（民法物權理論）裝新酒（原住民傳統規範）的苦心孤詣，終究無法自圓其說，而且最終也無法哄騙目前僵化的司法權、怠惰的立法權，與純資本主義思考的行政權。因此，**與其浪費時間嘗試調和市民法與原住民法，不如再度在知識上強力證明「那些市民法概念」的落伍、過時或比擬不倫**。

筆者的做法，是放棄實證主義法律史的取徑，改從法律思想史切入，以證成「現代市民法史上，凡肯認習慣入法的法律帝國，都有其殖民戰略的考量」。而既然出於殖民戰略，道德上當然缺乏正當性，法理上必然有致命破綻，因此理所當然應該被解殖、被揚棄。筆者藉由討論日本國家法的「習慣進出史」，以及其他汗牛充棟、在此不及備載的殖民地法律史的經驗，證明了：現代（市）民法體系，無論為何／如何「吸納」殖民地習慣入法，永遠充滿殖民權謀與算計；同時，在如此的現代法體系的狡智之下，現代的法律人一旦試圖主導非市民法的傳統規範的生殺予奪大權，則無論是確信犯還是過失犯，無論是主張保存、廢棄或「涵攝」，最終都只會導致帝國「普通法／普遍法」版圖的無限擴張。當然，這也意味著絕對弱勢的傳統規範，只能被動回應國家的善意或惡意，若非苟延殘喘，必然一蹶不振，根本不會有復權的可能。

既然已經證成「只要在中華民國法體制下，原住民族權利就一定不可能存在」，因此唯一的結論必然是，市民法體系與原住民法體系，最好各走各的路。同理，中華民國與原住民族，最好也各走各的路。這就是筆者三十年來的結論。

如果以這個結論為前提，探討我自己的專業領域——法律史，那麼「臺灣原住民族法律史」與「臺灣法律史」兩者的關係，無論在實然面或者應然面，究竟是（應該是）從屬、交疊，或對等甚至於平行？。

在前文中，筆者曾就兩者關係，提出兩個面向的書寫策略。第一個面向是：「對於臺灣原住民族遭遇（encounter）現代型國族國家／主權國家之後，其傳統規範（法律）在百年殖民統治上，如何歷經漠視、打壓、收編、復權；在學術上如何從客體、逐漸轉為附庸、客卿乃至為主體」，勾勒出一個簡史，並明示其極限所在。現在，**這個「簡史」與其「極限」已經很清楚了**：

> **（統治上）確曾歷經漠視、打壓、收編，但絕對未曾／也不可能復權；（學術上）從客體逐漸轉為附庸、客卿，但絕對未曾／也不可能成為主體。**

第二個面向是：以「習慣入（國家）法」為具體例，證明「現代市民法史上，凡肯認習慣入法的法律帝國，都有其殖民戰略的考量。而既然出於殖民戰略，道德上當然缺乏正當性，法理上必然有致命破綻，因此理所當然應該被解殖、被揚棄」。

那麼，我們是否也可以如此套用，而得到以下結論：

現代法律史，凡肯認原住民族法入史的帝國法律史，都有其殖民戰略的考量。而既然出於殖民戰略，道德上當然缺乏正當性，法理上必然有致命破綻，因此理所當然應該被解殖、被揚棄。

至少我的答案，是百分之百肯定的。

同樣的道理，就臺灣法律史而言也一樣，不應該介入原住民族法律史的定位或定義。非原住民的臺灣法律史家，當然不是不能研究原住民族法律史，但必須自覺到，這種研究，其實只是您自家法律史的補充，只是加害者對自己加害歷史的證據保存。那怕您是充滿善意與義憤的、亞當・斯密所說的「公正的第三人」也一樣。

結論——做為「孤立集團內部審議」的原住民族法律史

艾莉斯・楊（Iris M. Young）指出：「差異政治不反對結盟……然而群體主張政治的基本原則是：受壓迫群體成員需要有各自的組織，排除其他人，尤其是那些來自擁有更多特權群體的人。」[2]她並不是在鼓勵受壓迫群體自我封閉、拒絕外援，而是她看穿了這些「外援」總是善霸式地造成受壓迫群體看不清自我特殊經驗的正面性、甚至造成受壓迫群體的雙重意識——愈與外援結盟，愈受到外援代表的特權群體意識的同化影響。為了避免這個沒完沒了的父權關懷，所以至少在建立起自己的自治組織與自我意識之前，對於來自特權群體中善意成員的結盟邀約，最好敬謝不敏。何況絕大多數的外援，都是自覺或不自覺的騙局。

比方最近熱鬧非凡的「沒有人是局外人」事件，筆者已經在〈做為「孤立集團內部審議」的原住民族財產權〉（二〇一七）中指出：二〇〇〇年，桑思汀（Cass R. Sunstein）在《耶魯法學評論》發表的論文[3]〈審議危機？集團為什麼走向極端〉（Deliberative trouble? Why groups go to extremes）中所提到的，審議式民主造成的兩個「危機」——「集團性極端化」（group polarization）與「孤立集團內部的審議」（enclave deliberation），其實前者遠遠比後者來得更危險，也更惡劣。

桑思汀給集團性極端化一個明快的定義：「審議集團的成員，在審議之後，其意見卻變得比審議之前更加趨於極端的傾向。」[4]尤其在成員本來就具有極端傾向之際，上述變化更容易發生。這種現象在網際網路無庸置疑，然而真正值得注意的是，同樣適用於擁有高度且明確認同的團體中。例如合議制的法庭、陪審團、政黨、議會，乃至於族群、激進組織、犯罪集團等。集團性極端化的機制有二，其一是社會風潮影響個人行動，而個人均有保護自己的聲譽與形象的欲求；其二是集團審議過程所形成的開放性討論成果的累積（argument pools）其實很有局限，而且還促進了信者恆信的結果。

不僅如此，桑思汀認為更值得注意的是「孤立集團內部的審議」。他指出，這類型的審議「乃是社會安定的潛在威脅，以及造成社會分裂的原因」，但「同時又可以是抵擋社會不義及非理性的防線」。有趣之處就在這裡。

一般談到「孤立集團內部的審議」，在網路社會裡也許立刻聯想到的就是宗教、政治狂信集團，如果加上一點網民式的幽默感，或許「恐龍法官集團」也可入列。總之，通常都屬負面表述，因此很容易被推斷為集團性極端化的根本原因，而且也有一定程度的正確性。但是桑思汀卻認為，孤立集團之所以孤立，並不見得都是因為他們走極端；

許多案例顯示，社會底層、弱勢團體的成員（例如昔日的女性、非裔美國人、教育程度低的人）的見解，經常絲毫不受社會公共圈「審議」時重視。所以這些孤立的弱勢者、他者的自我集結，進行其內部的審議，不但不會造成新納粹組織之類的狂熱，反倒能夠讓那些被不當壓抑的見解，有累積、發展、傳播的基礎。桑思汀因此認為：「孤立集團能夠帶給社會莫大的利益。理由在於孤立集團能夠更豐富社會討論的蓄積。」他甚至認為美國憲法第一修正條文「保障結社自由」應該放在這個脈絡之下理解。畢竟保護「審議」這個得以讓我們邁向共同目標的手段之際，最重要的正是維持政治與文化的多樣性，以及守護反對意見不被多數派鎮壓。

很明顯的，當桑思汀說孤立團體的審議可以是「抵擋社會不義及非理性的防線」，他指的是被不當壓抑卻深具道德性的弱勢團體，甚至還包含人權團體的訴求。**桑思汀不是無知起鬨的鄉民**，**狂信組織根本不值得他費心建構理論抵擋**。所以整體而論，孤立團體的內部審議只是「有可能」但「未必然」造成「集團性極端化」的、反審議民主精神的危險；相反的，多數派的、強勢主流社會的審議結果，則也同樣「未必然」但「有可能」造成「集團性極端化」的、反審議民主精神的危險。**筆者深深覺得，桑思汀這一系列的論述並不是在提醒我們孤立團體有多麼危險，而是在提醒我們多數派自甘墮落的危**

險。

在「沒有人是局外人」（傳統領域劃設辦法排除私有地所造成的）衝突中，馬躍・比吼等人正是孤立集團內部審議的典型。不過，他們究竟是原住民族財產權信仰的狂信集團呢，還是值得憲法精神保護的、被不當壓抑的少數？從他們的訴求而言，當然是後者；但從訴求手段的強硬毫無妥協，就有被張景森等「主流社會＝極端化集團」操作為狂信集團的危險。雖然這個危險很小，因為他們沒有部落支持。易言之，在這次的衝突中，凸顯了他們乃是「孤立集團中的孤立集團」。

結果，**最熟悉問題癥結的人最孤立，之所以孤立是因為弱勢，之所以弱勢是因為正確。——聽起來有點像是互為因果的套套邏輯，其實卻是臺灣原住民族困境的正確描述。也就是說，這些受壓迫族群根本還沒有建立起（艾莉斯・楊想像中的）居有高度意識的自治組織。**除了缺乏部落實力，以及同屬原住民、但亦屬執政黨籍的原民會主委與國會議員不支持他們之外，私有地被排除的被剝奪感，也因所謂「山原」、「平原」的區分產生強度的差異。但總歸一句話：這個孤立集團中的孤立集團的復權理念，尚未達到做為臺灣孤立集團的整體原住民社會共識的程度。**在這個時候跑去「站在一起」的「局內人」，只會讓馬躍等人誤判自己的實力，與部落或族人更形疏遠，結果自治組織更不**

容易出現。

因此，我們看到了原住民族「孤立集團中的孤立集團」所提出來的「沒有人是局外人」口號的支持者，幾乎都是「來自特權群體中的善意成員」——這裡面，一定包含許多臺灣法律史的專家。

基於上述的觀察，筆者認為，所謂「原住民族法律史」者，過去未曾，現今似乎，將來未必一定要與漢人主流社會所建構的「臺灣法律史」所框架。其實，我們可以從臺灣法律史的經驗，去理解這個問題。臺灣法律史可與日本法律史、中國法律史互補，卻毋須從屬於此二學科，被此二學科收編與定義。原住民族法律史亦然。只不過我想問：如今誰是，或者說，有誰願意自命臺灣原住民族法律史的薩維尼呢？

注釋：

1 本案雖然經最高法院在二〇一七年聲請釋憲，但大法官至今毫無動靜。況且過去還有把原住民當成「滿洲八旗」的、荒謬絕倫的釋字七一九號，除非我們有原住民族籍的大法官，否則樂觀等待便毫無根據。

2 艾莉絲·楊（Iris M. Young），《正義與差異政治》（陳雅馨譯，商周出版，二〇一七），頁二八四－二八五。

3 Cass R. Sunstein, "Deliberative trouble? Why groups go to extremes." *The Yale Law Journal*, Oct 2000, pp.71-119.

4 Ibid.pp.74-76,111.

補論

原住民欺負原住民？——西拉雅族正名訴訟的省思

若我知道某事對我有利，但對我的家庭是有害的，那我就會將它從腦海裡拋棄；若我知道某事對我的家庭有利，但對我的國家則無，我會試著把它忘掉，如此類推。若我知道某事對我的國家有利，但對歐洲是有害的；或者它對歐洲有利，但對人類是有害的，我便會將它視為一項罪行。

——孟德斯鳩

不幸的遭遇使人失去正義感而心懷惡意

——法郎士（Anatole France），《克拉格比》（*L'Affaire Crainquebille*）

為求西拉雅民族依《原住民身分法》規定重獲原住民身分，最早承認西拉雅族為縣定原住民族的臺南市（舊臺南縣）政府，因為遲遲未獲中央級主管單位的原住民族事務委員會承認，因而協助族人向臺北高等行政法院提起確認訴訟，結果遭駁回。上訴最高行政法院之後，仍遭駁回：

如上訴人欲辦理原住民身分之登記……應申請被上訴人（或其委任機關）本諸《行政院原住民族委員會組織條例》第四條第六款之規定為認定，迨被上訴人（或其委任機關）為認定處分，如認定屬原住民，再持其核發之相關文件向戶政機關辦理原住民身分之登記，如所為認定不符其申請意旨，即得循課予義務訴訟之類刑及程序為救濟，上訴人不循此途，逕提本件確認訴訟，自不符確認訴訟之補充性原則，難謂其有提起確認訴訟之法律上利益，故其訴應為無理由……應予駁回。……本件既不得提起確認訴訟，則兩造就上訴人是否具原住民身分之實體上主張，本院即無庸審究……[1]

高院的駁回理由姑且不論，以上這段最高行政法院的駁回理由卻是很「經典」的「程序駁回」——不做實質內容的審理，甚是符合其一貫作風；而且事實上也是很有「道理」的，因為行政法院並沒有權力，同時也完全不打算介入確認原住民族身分——西拉雅族是不是原住民，不是行政法上的鬥爭，而是民族鬥爭、政治鬥爭。你們原住民族自己去解決吧。

原住民問題不可完全交由行政法院解決

原住民族與國家權力之間的問題，不可完全交給行政法院為裁決——這不是法律學說，而是筆者的經驗之談，尤其如果是進入實質內容的審理更危險。原因並不只是因為我國行政法院判決行政機關敗訴的比例偏低，最重要的還是在於行政法院對於原住民族複雜的文化與歷史認識甚淺，更對國際人權法的國內適用非常保守。

西拉雅族人即使真的依照本次最高行政法院判決中的「良心建議」，準備向原民會要求為身分認定處分，而當不服處分之際提起訴願與行政訴訟，筆者仍然認為終將徒勞無功。有一個案例非常值得借鏡，可以說明筆者的判斷絕非杞憂。同時，這正好「也」是個「原住民欺負原住民」的案例，也就是在本書「楔子」裡介紹過的二〇〇六年的「烏來高砂義勇隊慰靈碑拆除事件」。

在此次西拉雅正名行政訴訟中，臺北高等法院的判決，和高砂義勇隊訴訟的判決的荒唐，也可以並稱「連璧」：

原住民身分之認定與範圍，立法者基於國家資源之有限性，有立法裁量空間，基於權力分立，原住民身分法在未經有權機關宣告違憲時，司法及行政機關自應尊重，難認有何違憲之虞。[2]

說來說去，一個「逃」字。和烏來案的「拗」字，前後輝映。

臺灣法定原住民族菁英：西拉雅族正名的第一阻礙

關於西拉雅族做為臺灣原住民族的正當性與各種程序上的提議，其實已經有許多專家學者、甚至於族人們均提出了為數甚夥且極富啟發性的研究。[3]甚至中央主管機關的原民會也從來沒有直接否定西拉雅族人的主張。儘管如此，西拉雅族至今仍然未能正名成功。為什麼？

首先，讓我們回憶以下的一段話：

> 「臺灣沒有一個人有資格來否定平埔族是臺灣原住民族的事實。」行政院原住民族委員會尤哈尼前主任委員對平埔族的身分一向持如是的觀點；而平埔族卻大多數未具有行政上或政府認定上的原住民身分，換言之其身分仍凍結在文化上、歷史上的原住民也是事實。這看似應該並行不悖的事實，為何朝兩極發展產生如此重大的差別？究竟在行政操作上出現了哪些問題？亟待吾人省思。[4]

這段話典出於當時（二〇〇三年）擔任原民會企劃處長、後來以原民會主委「致仕」的阿美族高級文官林江義先生的論文〈臺灣原住民族官方認定的回顧與展望〉。林前主委「省思」的結果，大致上可以分列如下：（1）漢人政府的片面官方認定——例如「臺灣省政府民國四十三年四月九日（肆叁）府民二字第三三一七二號令」。（2）平埔族在臺灣主流社會充滿階級歧視、長期忍受欺壓無奈地躲在漢人背後等，自我認同與定位的問題。（3）政治利益的衡平與安定、原住民參政人士的高度介入等，因此遲遲無法制訂合理的「民族別認定辦法」等立法問題。（4）現行法定原住民族的反應與顧慮。

筆者認為，這四個使平埔族無法正名的原因，在臺灣政府已經批准兩大國際人權公約，而且已經完成了幾乎百分之百符合聯合國原住民族權利宣言精神的《原住民族基本法》，同時西拉雅族正名的族群整合成功後的今日，（1）（2）（3）根本不再是問題了——如果（1）（2）（3）還算是問題，那麼問題正因為（4）中的法定原住民族的「反應與顧慮」都是負面的，因此仍舊不容西拉雅族的正名。連在本文中如此同情平埔族的林江義先生，儘管當時已高居副主委，卻依舊無法阻止原民會濫用（他十年前就已經覺得並不「合理而且公義」的、老掉牙的）行政命令或函釋，去跟臺南縣（市）大打公文迷糊仗，甚至對簿公堂。這就是最明顯的證據。平埔族的無法正名，根本的原因，就在於法定原住民族如今掌握平埔族族群認定的權力，而平埔族並未能做到林副主委二〇〇三年呼籲的「打破目前平埔族與原住民十族間互不往來的處境、努力增進彼此的互信與交流、改變彼此心理上、感情上的距離」。至少坐鎮於原民會的法定原住民族的菁英們，直到如今仍然如此相信。而且這個確信，並非無的放矢，確實有一定的根據。

在這個非法律所能解決的權力／情感／利益衝突問題中，任何依現行國內外法律解釋證明平埔族正名的合法性與正當性的嘗試，都顯得隔靴搔癢不切實際。[5]但是，要如何解釋以及解決這種「窮人欺負窮人」、「原住民欺負原住民」的深層心理現象呢？

首先我們必須注意到的，就是：**即使已經被國家承認是法定原住民族，並不意味著他們已經得到公平的待遇。事實上，法定原住民族的權利仍然不斷地大量失落與被侵害。**例如《原住民族基本法》，原本等於是一套完整的憲法原住民專章，如能落實，對於百年來原住民族所受到的諸般不義與壓迫，可以一舉解消。但是該法最大的陷阱也在此，因為若果配套的二十二個子法沒有完成立法，這部基本法就只能用來「供奉」——了不起「釋憲」——而無法用來維護原住民族的真正利益。果然，陳水扁總統的「準國與國的關係」承諾，與立法院限二〇〇七年之前完成子法草案提交國會的要求，都被原住民族委員會以外的行政院各部會視為洪水猛獸，全力圍堵。等到國民黨重握政權，自稱「原住民十三族總頭目」的馬英九所任命的原民會章仁香主委居然於九月「赴立法院內政暨民族委員會施政報告，以『原漢尚有爭議』為由，撤回《原住民族自治法草案》與《原住民族土地暨海域法草案》，攸關原住民族最重大的『自治、傳統領域土地』法制化進程從此停擺，至今沒有任何進度」。總頭目政權因而被痛批「『總統馬英九』重重打了『市長馬英九』一巴掌」、「前朝停擺原基法　今朝踐踏原基法」。[6]

因為「原漢尚有爭議」（其實只有漢人有意見而且有權力阻止），所以原基法子法被擱置，所以目前原住民的權利甚至比原基法立法之前流失得更嚴重。[7]而西拉雅正名受阻，卻是「原原尚有爭議」（其實只有法定原住民族有意見而且有權力阻止）。爭議不但因為法定原住民焦頭爛額自顧不暇，更因為法定原住民擔心殘存僅有的、漢人施捨的一點小小利益也將被平埔族瓜分。所以儘管早在二〇〇一年召開的立法院「政府如何承認平埔族群」公聽會中，平埔族人所提出的五大訴求中的第二項就明白表示「一旦認定平埔族群為原住民族之後，願放棄原住民個人身分專有之社會補助」[8]，仍然讓如今的法定原住民族無法安心。畢竟法定原住民族菁英中有不少傑出的法政專家，他們深知有些權利是無法放棄的（例如參政權與國會議員名額），而且能夠被放棄的權利，通常都不那麼重要，在權利的比例中所占也甚微，又或者是遭到主流社會攻擊的所謂「特權」（例如許多歧視性優惠待遇）。

這樣的心態，也就不免引起另一個必遭懷疑批判的質疑：難道這些掌握民族認定權力的法定原住民族菁英，不怕被指責是「民族企業家」（ethnic entrepreneur）嗎？

在前述的高砂案中，政治學者吳叡人曾在臺灣人權促進會舉辦的記者會中，以「民族企業家」形容構陷烏來族人的立法委員高金素梅：

做為族群代表的政客們，請不要再操作族群——你們的職責是促成族群內部對過去傷痛記憶的反省、溝通，以及共識的形成，而不是結合外力，壓制內部異己多元意見，壟斷族群對外的發言權。這種企圖壟斷族群發言權的政客，在族群政治學上被稱為「族群企業家」，他們以販賣、操作族群來獲取政治利益。我們譴責這種做法，並且要求這些政客自制！[9]

當然，「民族企業家」在族群政治學上並不只是一個負面的用語——事實上毋寧是個中性的用語。[10]身處主流社會中的少數族群，如果有能夠保護、創設族群政治經濟等利益的「民族企業家」活躍其中，當然值得鼓勵。但是若因為主流社會文化、資本或權力的壓榨，讓民族利益限縮得很小的時候，是否就只能夠採取「顧得了自己顧不了別人」的自私選項呢（在這裡筆者願意排除法定原住民菁英販賣、操作族群以獲得私人政治利益的可能性）？而這個自私選項，又真的能夠確保自我族群本來就少得可憐的利益不再變得更少嗎？

由法定原住民族決定西拉雅族的身分，雖然未必是在一個羅爾斯「無知之幕」的作用情況下所為的決策，但是原民會排除西拉雅族成為原住民族的決定，卻絕對是因為原

民會的「無知」，因而違反了「小中取大」（maximin）[11]**的原則——不但不是在每個選項最壞的結果中選出比較好的結果，反而是在每項最壞的結果中，選出了最壞中的最壞結果。如同「窮人欺負窮人」、「勞工欺負勞工」是窮人對抗富人、勞工對抗資本家所能選擇的最壞結果。如此選擇，勢將使得法定原住民族好不容易爭取得來的權利失去正當性與合法性，甚至連倫理性都可能不保。**換句話說，法定原住民族排除西拉雅族「入夥」以求利益不被瓜分，但結果卻極可能使得法定原住民族的權利主張變得自私而偽善，不但不再能夠得到國內與國際的同情與支持，最終也將落入主流社會的算計之中而被各個擊破。

原民會，或者法定原住民族菁英們應該這樣思考：臺灣的法定原住民族權利之所以岌岌可危，最直接的原因就是「人單勢孤」，而最直接的解決方法正是動員潛在的原住民族——平埔族群——進行自我認同，從而「補充人力」。如果再挖得深一點，這種動員的效果，不但可以擴充原住民族的力量，而且更能夠有效瓦解——至少是縮小——所謂主流社會（被國家動員的）「漢人認同」的想像，從而顛覆臺灣族群人口比例，繼而翻轉臺灣政治勢力的版圖！目前法定原住民族的困境正起因於其消極的不作為，而只想在現有的政治架構下求取既得權利的維持。換句話說，只有平埔族群的加入，才是法定原住民族打破權利受侵僵局的合理方策。而這只在於原民會行政裁量的一念之間，根本與現行法律限制或立法與否無涉[12]，更沒有訴訟的必要。

小結

在今天的臺灣社會裡，身為原住民族有什麼「好處」？坦白說，除了少數菁英之外，絕大多數的原住民是得不到「好處」的。不但得不到好處，反而備受欺凌。二〇〇五年原基法立法的那個令人興奮的時代早就一去不復返了。這個時候西拉雅族卻亟欲正名，亟欲回復原住民族的認同與身分，哪裡有什麼私心自用的可能與餘地呢？當時的原民會最可悲之處，就是仍然以二〇〇五年以前的心態，揣度西拉雅族的正名運動。

但是，請注意：筆者所說的可悲，並不是責備，而是同悲。

做為一個國家戶籍法認定下的漢人，筆者始終對於臺灣的原住民族（無論法定與非法定）在歷史迫害中，所展現的群體高貴人格與智慧寬容極為感佩。

但是，彼時原民會排除西拉雅族身分的決策，卻讓筆者憂心，覺得這一類政策判斷，非常可能是法定原住民族爭取權利的倫理性淪喪的起點。[13]這個違反「小中取大」的錯誤決定，也許可以用原民會被目前整個臺灣國家認同與社會正義極速墮落瓦解的危機所引發的焦慮感來解釋。可是，原民會並未察覺到，原住民族力量的提升，恐怕才是能夠挽救臺灣危機的重要契機之一。因為，只有原住民族才有能力理解與掌握臺灣所有族群之間的文化精髓，才有（以永遠的被害人的）立場化解所有族群的歷史恩怨與政治衝突。

歷史告訴我們，能夠擔當大型文明之間互相認識、理解與欣賞的帶路人，永遠都是大文明夾縫中求生存的小文明。這就如同在一九二四年治警事件審判庭中，蔣渭水的答辯：「我要感謝神明，讓我生作臺灣人。因為臺灣掌握了東亞和平的鎖鑰」一樣，臺灣原住民族也掌握了臺灣和平的鎖鑰。而這個重責大任，沒有平埔族群的加入，是絕對無法完成的。

後記

本文撰寫於二〇一三年，當時對於將平埔族納入法定原住民族，無論原漢，都有許多強大的反對聲浪，而筆者對此反對論甚是不以為然。此即為本文的書寫動機。數年後，原住民族內部共識逐漸凝聚，蔡英文政權更以此為優先政治承諾，才令原民會回心轉意，從反對轉為全面配合。平埔族正式列入臺灣法定原住民族，似已箭在弦上，勢在必行。但依據臺灣社會民主化之後的往例觀之，凡進步法案，通常都是在社會未及理解、回應之前，便以政黨或政治領袖的政治意志，進行道德抉擇（或做為政治賭注）而成案通過。通過之後數年，才會顯現社會保守力量的反撲，且反撲力量極其強大而可憎。例如《性別平等教育法》、《性別平等工作法》、《家暴防治法》等，莫不如此。因此縱使平埔族列入法定原住民族，本文所憂心與提醒的各個論點，日後用於對抗反撲勢力時，應尚有若干功效。故存而錄之。其中若干時過境遷的事實敘述，則視前後文修正或保留。

關於目前平埔族列入法定原住民族的立法進程，可參考以下兩則原民會新聞稿：

原民會　新聞稿（二〇一八年十二月二十五日）

立院排審原住民身分法，原民會：保障平埔認同權利，原民既有權益不受影響

立法院內政委員會今（二十四）日審議「原住民身分法修正草案」，審查結論有關平埔身分認定之條文保留協商，其他均按照行政院提案意旨通過。原住民族委員會發出聲明表示：「此次提案修正原住民身分法，是為回應平埔族群二十年來追求正名的訴求，並同時兼顧保障原住民族既有權益不受影響，期望立法院能儘速審議通過。」

原民會表示，現行原住民身分法將原住民分為山地及平地原住民兩類，為使平埔族群取得原住民身分，行政院提案增列「平埔原住民」的類別，並且同時規定其權利將另外訂定法律予以規範。

原民會指出，此次修正是參考加拿大的民族認定方式；該國依據原住民族各族之歷史、分布及實際狀況，在憲法中明定原住民族分為印地安、英紐特及梅蒂斯等三種類別，並依據個別需要提供不同的服務措施。

原民會夷將Icyang主任委員最後表示，保障平埔族群取得原住民身分，有利於平埔族群文化發展，實踐多元文化相互尊重精神，更不會影響原住民族既有權益，期望立法院能盡速完成審議。

原民會 新聞稿（二〇一九年二月二十六日）

原住民身分法修正草案已列入最優先審議法 原民會：總統政見已在執行

臺北高等行政法院今（二十六）日審理西拉雅族請求認定平地原住民之行政訴訟案，原告委任律師表示政府未落實總統政見，原住民族委員會表示：「政府修正原住民身分法使平埔族群取得『平埔原住民』身分，目前已送出內政委員會並待黨團協商。」

原民會指出，行政院林萬億政務委員於一〇六年五月至六月間，分別在臺南、臺中、高雄、花蓮、新北等地邀集平埔族群代表研商討論，超過六成支持修正原住民身分法並增列「平埔原住民身分」。

原民會強調，行政院依據前述多數平埔族群意見，於一〇六年八月十七日提案修正原住民身分法增列「平埔原住民身分」，並於一〇七年十二月二十四日送出立法院內政委員會，但因各黨團對平埔族群取得原住民身分仍未獲致共識，因此須送請黨團協商。

原民會最後表示，行政院已將原住民身分法修正草案列為本會期最優先審議法案，期望立法院能考量原住民族歷史正義，盡速完成協商，使平埔族群取得平埔原住民身分，以取得其應有之身分與權利。

注釋：

1 最高行政法院一〇一年度判字第七三二號判決。

2 轉引自前引最高行政法院判決文，頁十七。

3 例如施正鋒，〈西拉雅族的身分與政府的承認政策〉，《臺灣原住民族研究季刊》第三卷第一期（二〇一〇）；段洪坤、陳叔倬，〈平埔原住民族血緣認定與文化認定的發展評析〉，《臺灣原住民族研究季刊》第一卷第一期（二〇〇八）；陳叔倬、段洪坤，〈西拉雅族成為縣定原住民族的過程及其影響〉，《政大民族學報》第二十五卷（二〇〇六）；謝若蘭，〈集體權與認同運動——當代平埔族群運動之初探〉，《臺灣國際法季刊》第八卷第一期（二〇一一）；潘朝成、劉益昌、施正鋒合編，《臺灣平埔族》（前衛出版社，二〇〇三）等等。

4 林江義，〈臺灣原住民族官方認定的回顧與展望〉，潘朝成等編前引書，頁一六五－一九〇。

5 要一個法律人承認這一點，真是情何以堪。

6 原住民族部落工作隊、高金素梅國會辦公室、臺灣原住民族部落聯盟「新政府執政週年原住民族成績單」，二〇〇九年五月。

7 八八風災以來的各種強制遷村的國家政策、美麗灣飯店等無限的財團BOT計畫案均為明證。

8 陳叔倬、段洪坤前引論文，頁一四六。

9 吳叡人發言全文可參見：http://enews.url.com.tw/enews/38283#1-3。

10 Thierry Volery, "Ethnic entrepreneurship: a theoretical framework," in Léo-Paul Dana ed., *Handbook of Research on Ethnic Minority Entrepreneurship: a Co-evolutionary View on Resource Management*, 2007. pp.30-41.

11 John Rawls, *A Theory of Justice*, 1971. pp.152-154.

12 原民會既然有能力官腔官調地「依法」反駁臺南市政府的要求，自然有能力「依法」接受臺南市政府的要求。

13 當然，以民間原住民族的實際表現而言，這個憂心極有可能是個杞憂。例如「原住民族行動聯盟」就從未排除平埔族群。

附錄

第三屆模擬憲法法庭
模憲字第四號、第五號判決部分協同意見書

大法官　吳豪人

本席對於本件解釋與結論敬表贊同。惟有關杜孝生案中，杜孝生之原住民族身分，與中華民國憲政體制（包含不法國家時期與民主憲政時期）之間，乃至於與臺灣追求轉型正義實踐之間，究竟具有何等關聯？或因格式與篇幅之限制，於本件解釋中，除了歷史事實的確認、憲法釋義學與國際人權法典的對照之外，並未能就兩者之間的基礎理念闡明俱全。謹簡要補充意見如下。

轉型正義理念與原住民族法理念

轉型正義理念來自於修復式正義理念，而修復式正義理念卻來自於原住民族的傳統法律思想。不法國家理念來自於納粹經驗，而納粹經驗卻來自於法律實證主義＝現代市民法體系。我國現行憲政秩序自始即服膺現代市民法體系，並且否認原住民法體系。在此大前提之下，出現一個荒誕的場景：為了否定不法國家、追求自由民主憲政體系，我們必須改革、超越法律實證主義與現代市民法體系的基本設定。而我們之所以有可能成功，是因為借助了修復式正義、轉型正義的理念，進行法律體系的典範轉移。然而這個新的典範，卻正是來自於我們所持續否定的原住民族法體系。換言之，我們一方面熱烈追求民主憲政秩序，但同時卻持續迫害提供我們典範轉移關鍵的原住民族。

我們是蠻族。我們消滅了羅馬，卻繼承了羅馬法。

中華民國與原住民族

臺灣原住民族是否當然為中華民國之國民，本有重大疑義。本案解釋所處理者，均與轉型正義密不可分。然而世界各國之轉型正義，其範圍無不限縮在一國之內。在「釐清真相、追究加害人責任、加害人道歉賠償、被害人獲得補償與療癒、社會走向和解」的轉型正義公式中，所謂的「和解」，所謂的「never again」，均僅限於同一個國家內部之和解。而原住民族與中華民國之間，卻是一種可以上溯到日本帝國時代的殖民者與被殖民者關係。若原住民族不必然為中華民國國民，則中華民國就過去對與原住民族所施加之侵害進行道歉與賠償，便非轉型正義概念所能涵括，因為原住民族可能願意跟中華民國和解，卻並不必然願意因此與中華民國合而為一。陳水扁前總統與原住民族所簽訂之「新夥伴關係」之中，特別強調中華民國與原住民族之間乃是一種「準國與國之間的關係」，其根本理由正在此處。

臺灣原住民族處境分析

廣義而言，轉型正義只有放在現代國家的歷史脈絡裡才有意義。希特勒納粹／史達林蘇共／中國國民黨與共產黨，都是現代的產物，當他們被超克之際，代之而起的，不是另一家異姓稱王稱帝，而是整個政治典範的轉換。相反的，張良荊軻刺殺秦始皇，並不是轉型正義，而只是復仇。因為代之而起的，全都是秦始皇，所以無所謂轉型。就此意義而言，原住民族的轉型正義問題，也只能夠從原住民與第一個出現於臺灣的現代型國族國家——日本殖民時代談起，而與清治時期無涉。殖民主義當然是苛政、暴政，但殖民者宗主國仍然可能是高度現代化的國家——至少在那個時代如此。宣示殖民主義結束的，一般而言都是被殖民者的政治獨立，在主權上與殖民宗主國明確切割。因而此時所產生的殖民傷痕問題，便會被歸類於後殖民主義，是兩個獨立國家針對歷史恩怨的清算，而與轉型正義無關。

從一九一〇年日本總督佐久間左馬太開始積極「理蕃」，臺灣的原住民族被捲入現代國家的自我想像運動中，至今已經足足有一百零六年的歷史。對於原住民族而言，這是一場不折不扣的民族浩劫，而且直到目前為止，我們也還看不到這場浩劫的終點。臺灣原住民族目前的處境其實是很絕望的。因為憲法上的平等宣示，似乎與歷史的不正義所造成的現狀／處境，有著太大的落差。換句話說，**殖民主義的傷痕並不因殖民主義的宣告終結而獲得痊癒。相反的，治療才剛要開始。然而傷痕是如此巨大，大到文化與族群認同的社會根基早就被破壞殆盡。**

有一個重要的事實，經常被主流社會忽略——在臺灣這個多族群社會裡，我們幾乎看不到原住民各族對於所謂漢人的主流社會使用仇恨語言（hate speech），遑論暴力復仇（反而是所謂的「漢族」之間，經常在上演這種戲碼）。這種少數對多數的寬容，被害人對加害人的寬恕，對於社會終將回復正義與正常秩序的信心與等待，正是修復式正義與轉型正義精神的最佳詮釋。而本席認為，這種寬恕的態度，至少從戰後起算，已經成為一個原住民跨族群的「嶄新的傳統規範」。他們用自身的苦難，向主流社會的加害者與社群殷殷解說：什麼是修復式正義，什麼是轉型正義。但是他們從臺灣主流社會得到的回應，可說冷漠到了極點。

同時，在他們自己的族群之中，也因為中華民國的持續殖民，出現了更難以彌補的創傷。阿美族以撒克·阿復教授曾沉痛地控訴：

> 在我們的這個時代，距離公義和和平仍然很遙遠，挫折與幻滅卻是如此地接近；距離我們祖先的傷口和我們自己犯錯的時代仍然很近，近到其間的醜惡教我們戰慄，不敢直視，發出的惡臭教人掩鼻。
>
> 我們的時代掙扎過，也戰慄過。我們的時代傾塌過，也死滅過，雖然苟延殘喘存活下來了，卻是教人鄙夷。

歷史的記憶和救贖，必須從承認前一世代影響之深遠開始，承認我們是時代之子，是時代的產物，身上同時秉賦了時代的光明與黑暗、風華與悲涼、神聖與墮落，否則，陷入自怨自艾的窠臼中，無法自拔。（以撒克．阿復，《原住民族運動．媒體．記憶——後殖民進路》，二〇一六）

這段話，正是站在被害人立場的，對於轉型正義的反省。滔天巨惡的特徵，就是裹脅全體國民成為共犯，逼迫全體國民撒謊，尤其是對自己撒謊。受害人必須比加害人更擁護加害人的邏輯，更相信加害人撰寫的歷史，而結果當然就是否定了自己曾經受害過的歷史。且不說被黨國體制或殖民政府刻意培植的原住民「菁英」身上，常常可以看見這個特質；同樣的情形，在所謂漢人當中，更是常見。有這麼多否定被害歷史的被害人，怎麼可能有什麼轉型正義？。

故爾，本席絕難自我說服：如果原住民族有真正的選擇權，他們竟會欣然成為中華民國之一員。

結論

正是基於上述理由，本法庭便不能亦無權宣稱：杜孝生的原住民族身分，使得杜孝生案的平反與其獲得賠償的權利，是一種轉型正義的實踐。充其量，這只是去殖民，或加害國回復被殖民國權利的歷史正義的嘗試。本號判決中所謂「原住民族與中華民國憲政秩序之間的關係，不在本法庭解釋範圍之內。同理，本判決僅點出：無論杜孝生是否中華民國公民，於本案中，中華民國均負有賠償責任，至於杜孝生是否或如何成為中華民國國民，是否可列為中華民國刑法貪汙罪之被告，本法庭亦無解釋權限」云云，**並非放棄大法官憲法上之職責，相反的，乃是維護大法官之人性尊嚴，免於被中華民國裹脅而參與殖民犯行的危險。同時，也免於重蹈釋字第七一九號各協同、不同意見書所顯示的，對於原住民族被殖民歷史的全面性無知與輕佻。**

※第三屆模擬憲法法庭由臺北律師公會與臺灣民間真相與和解促進會共同主辦，於二〇一六年十一月十三日、十九日進行言詞辯論，針對白色恐怖時期的杜孝生與李媽兜案進行釋憲。其中，杜孝生為阿里山鄒族人，為高一生之弟，因「湯守仁等叛亂及貪汙案」遭判刑，之後因貪汙案不符合賠償條例政治犯認定兩次遭到拒絕。由其子杜銘哲在模擬憲法中提出釋憲申請。本文作者為當時模擬憲法法庭大法官之一。

書目

Carlos Santiago Nino, *Radical Evil on Trial*. Yale University, 1996.

Cass R. Sunstein, "Deliberative trouble? Why groups go to extremes." *The Yale Law Journal*, Oct 2000.

Eugen Ehrlich, *Grundlegung der Soziologie des Rechts*. Duncker & Humblot, 1913.

John B. Henrikson, "Implementation of the Right of Self-Determination of Indigenous Peoples," *Indigenous Affairs* 3/01, 2001.

John Locke, *The Second Treatise of Government*. Thomas Peardon ed., Prentice Hall, 1952.

John Rawls, *A Theory of Justice*. Harvard University Press, 1971.

Knut Wolfgang Noerr, *Geschichte des Rechtsschutzes in Europa*, 1988.（村上淳一譯，《ヨーロッパ法史入門：権利保護の歴史》，東京大学出版会，一九九九）。

Patricia Williams, "Alchemical Notes: Reconstructing Idea from Deconstructed Rights", *Harvard Civil Rights-Civil Liberties Law Review* 22, 1987.

Richard Rorty, "Human Rights,Rationality,and Sentimentality" in Steven Shute and Susan Hurley (eds), *On Human Rights*. Basic Books, 1993.

Rudolf von Jhering, *Der Kampf ums Recht*. 1872.

Thierry Volery, "Ethnic entrepreneurship: a theoretical framework," in Léo-Paul Dana ed., *Handbook of Research on Ethnic Minority Entrepreneurship: a Co-evolutionary View on Resource Management*. Edward Elgar Publishing, 2007.

アイヌ政策のあり方に関する有識者懇談会報告書。

「アイヌ民族共有財産裁判の記録」編集委員会，《百年のチャランケ：アイヌ民族共有財産訴訟の記録》（緑風出版，二〇〇九）。

ゲリー・ジョンストン（Gerry Johnstone），《修復司法の根本を問う》（西村春夫監訳，成文堂，二〇〇六）。

ジョルジョ・アガンベン（Giorgio Agamben），《ホモ・サケル——主権権力と剥き出しの生》（高桑和巳訳，以文社，二〇〇三）。

ジョン・ブレスウェイト(John Braithwaite)，《修復的司法の世界》(細井洋子、染田恵、前原宏一、鴨志田康弘訳，成文堂，二〇〇八)。

ハワード・ゼア(Howard Zehr)，《修復的司法とは何か——応報から関係修復へ》(西村春夫、細井洋子、高橋則夫監訳，新泉社，二〇〇三)。

三島淑臣，〈近代の哲学的所有理論——ロックとカントを中心に〉，《法哲学年報1991》(日本法哲学会.,有斐閣，一九九二)。

上村英明，〈アイヌ民族政策のあり方—国際法および憲法・国内法の観点から〉，《NPO現代の理論・社会フォーラム》季刊第十七巻(二〇一一年六月)。

上村英明，《知ってますか?アイヌ民族一問一答》(新版.,解放出版社，二〇〇八)。

上村英明監修，《グローバル時代の先住民族——「先住民族の10年」とは何だったのか》(法律文化社，二〇〇四)。

久保秀雄，〈近代法のフロンティアにおける「文化的他者」についての知(一)(二)——ポストコロニアル批判の法社会学〉，《法学論叢》一五三巻四号、五号(京都大学法学会，二〇〇三)。

土田久美子，〈過去の不正義に対する法的救済の意義と限界——在米日系ペルー人による補償請求運動を事例として〉，《刑事司法の大転換（法社会学第72号）》（日本法社会学会編，有斐閣，二〇一〇）。
大塚久雄，《共同体の基礎理論》（岩波書店，一九五五／二〇〇〇復刻版）。
山路勝彦，〈「梁山泊」の人類学 それとも？：臺北帝国大学土俗人種学研究室〉，《関西学院大学社会学部紀要》八十三号（一九九九）。
山路勝彦，《臺湾タイヤル族の一〇〇年——漂流する伝統、蛇行する近代、脱植民地化への道のり》（風響社，二〇一一）。
川口由彦，《近代日本の土地法観念——1920年代小作立法における土地支配権と法》（東京大学出版会，一九九〇）。
川島武宜，《ある法学者の軌跡》（有斐閣，一九七八）。
中生勝美，《近代日本の人類学史：帝国と植民地の記憶》（風響社，二〇一六）。
中村英樹，〈憲法上の自己決定権と憲法十三条前段「個人の尊重」——自己決定権理論の再構成のための予備的考察〉，《九大法学》第七十六号（一九九八）。
手島武雄，〈先住民族の権利に関する国連宣言——その経緯、内容、意義〉，《部落解放》第五九〇号（大阪部落解放研究所，二〇〇七年十二月）。

王泰升，《臺灣原住民的法律地位》（行政院國科會專題研究計畫報告書，未出版，一九九七）。
加藤雅信，〈総有論、合有論のミニ法人論的構造〉，《星野英一先生古稀祝賀・日本民法学の形成と課題（上）》（有斐閣，一九九六）。
加藤雅信，《「所有権」の誕生》（三省堂，二〇〇一）。
加藤雅信等編，《民法百年學說史》（三省堂，一九九九）。
札幌地裁民事三部一九九七年三月二十七日判決。
田中成明等，《法思想史》第二版（有斐閣，一九九七）。
田中宏，〈二風谷ダム訴訟判決〉，《国際人権》第八号（国際人権法学会，一九九七）。
竹内渉，〈実態から見る振興法の限界と課題「平成一八年北海道アイヌ生活実態調査報告書」より〉，《部落解放》第五八六号（大阪部落解放研究所，二〇〇七）。
西村稔，《知の社会史：近代ドイツの法学と知識社会》（木鐸社，一九八七）。
艾莉絲・楊（Iris M. Young），《正義與差異政治》（*Justice and the Politics of Difference*，陳雅馨譯，商周出版，二〇一七）。
吳乃德，〈轉型正義與歷史記憶：臺灣民主化的未竟之業〉，《思想季刊》第二期（二〇〇六年七月）。
吳豪人，〈「大正民主」與治警事件〉，《輔仁法學》第二十四期（二〇〇三）。
吳豪人，〈岡松参太郎論〉，《戰鬥的法律人：林山田教授退休紀念論文集》（元照出版社，二〇〇四）。
吳豪人，〈是後現代還是現代優生學之夢？——基因科技的歷史與哲學論述〉，臺灣大學日本研究中心主辦「基因科技與法」研討會論文（二〇〇一）。
吳豪人，〈飛禽走獸如何成為炎黃子孫〉，國史館二〇〇五年一月一日第八屆中華民國史專題研討會報告論文。
吳豪人，〈植民地臺湾における祭祀公業の改廃〉，《日本臺湾学会報》創刊号（日本臺湾学会，一九九九）。
吳豪人，〈臺灣人權發展的思想死角〉，《新世紀智庫論壇》（二〇〇五）。
吳豪人，〈臺灣原住民的財產權——市民法與傳統規範的衝突〉，《臺灣新憲法——群策會「臺灣新憲法」國際研討會論文集》（二〇〇五）。
吳豪人，〈臺灣經驗？轉型正義的悖論〉，《民商法制與現代法學理論：清河雅孝教授榮退紀念論文集》（清河雅孝教授榮退紀念論文集編輯委員會編，二〇一四）。

吳豪人，〈臺灣經驗？轉型正義的悖論〉，二〇一一年輔仁大學法律學院主辦「島弧人權：亞洲人權的理論，實務與歷史」國際研討會報告論文。
吳豪人，《殖民地的法學者：「現代」樂園的漫遊者群像》（臺大出版中心，二〇一七）。
吳豪人、黃居正，〈對市民財產制度的再檢視：由司馬庫斯部落公約到自然資源的歸屬〉，《臺灣國際法季刊》第三卷第一期（二〇〇六）。
吳叡人，〈臺灣高山族殺人事件：高一生、湯守仁、林瑞昌事件的初步政治史重建〉，二〇〇七年二月二十六日臺北市文化局及中央研究院臺灣史研究所合辦「紀念二二八事件六十周年」學術研討會報告論文。
坂野徹，《帝国日本と人類学者（一八八四—一九五二）》（勁草書房，二〇〇五）。
宋增璋，《近代臺灣之建設》（臺灣省文獻委員會，一九八二）。
李亦園主持，《山地行政政策之研究與評估報告書》（臺灣省政府民政廳，一九八三）。
村上淳一，《「権利のための闘争」を読む》（岩波書店，一九八三）。
村井紀，《（増補・改定）南島イデオロギーの発生——柳田国男と植民地主義》（太田出版，一九九五）。
貝澤耕一、丸山博、松名隆、奥野恒久編著，《アイヌ民族の復権：先住民族と築く新たな社会》（法律文化社，二〇一一）。
初瀬龍平編，《エスニシティと多文化主義》（同文館，一九九六）。
和田仁孝，《法社会学の解体と再生》（弘文堂，一九九六）。
岩沢雄司，〈二風谷ダム判決の国際法上の意義〉，《国際人権》第九号（国際人権法学会，一九九八）。
岩沢雄司，〈日本における国際人権訴訟〉，杉原高嶺編《小田滋先生古稀祝賀——紛争解決の国際法》（三省堂，一九九七）。
房川樹芳，〈アイヌ民族の「少数先住民族」性に関する考察：いわゆる二風谷ダム判決を素材として〉，《北大法学研究科ジュニア・リサーチ・ジャーナル》第六期（一九九九年十二月）。
松井一博，〈アイヌ民族の権利と国際環境政策の展開——先住民族の文化権の保障から〉，《国際公共政策研究》第十一巻一号（大阪大学大学院国際公共政策研究科，二〇〇六年九月）。
松本祥志，〈アイヌ新法　アイヌ文化振興法および二風谷ダム事件〉《法学セミナー》五一八号（日本評論社，一九九八）。

林江義，〈再思「先住民」?‧愛伊努族的名稱〉，《原教界》第十八期（二〇〇七）。
林佳陵，《論關於臺灣原住民土地之統治政策與法令》（臺灣大學法律研究所碩士論文，一九九六）。
「法務部推動修復式正義——建構對話機制、修復犯罪傷害計畫」（二〇一〇）。
保屋野初子，〈市民と行政訴訟（四）二風谷ダム訴訟——アイヌ民族への「償い」の言葉に代えた歴史的判決〉，《法学セミナー》四十七巻三号（日本評論社，二〇〇二）。
施正鋒，〈西拉雅族的身分與政府的承認政策〉，《臺灣原住民族研究季刊》第三巻第一期（二〇一〇）。
段洪坤、陳叔倬，〈平埔原住民族血緣認定與文化認定的發展評析〉，《臺灣原住民族研究季刊》第一巻第一期（二〇〇八）。
洪千涵，《修復式正義對被害者損害影響——以泰雅族為例》，國立臺北大學犯罪學研究所碩士論文（二〇〇八）。
籾岡宏成，〈少数者の人権保護に関する意識と裁判所の機能：「二風谷ダム判決」および「アイヌ文化振興法」をめぐるアンケート調査の統計的分析からの示唆〉，《法學新報》一一三巻五／六号（中央大学，二〇〇七年三月）。

原住民族部落工作隊、高金素梅國會辦公室、臺灣原住民族部落聯盟，「新政府執政周年原住民族成績單」（二〇〇九年五月）。
娜歐蜜・克萊恩（Naomi Klein），《天翻地覆：資本主義 vs. 氣候危機》（*This Changes Everything: Capitalism vs. The Climate*，林鶯譯，時報出版，二〇一五）。
酒井哲哉，〈植民政策学から国際関係論へ：戦間期日本の国際秩序論をめぐる一考察〉，浅野豊美、松田利彦編《植民地帝国日本の法的展開》（信山社，二〇〇四）。
高德義，《原住民族自治制度之研究與規劃——排灣族、魯凱族及雅美族》（行政院原住民族委員會，二〇〇四）。
高橋則夫，〈世界の修復正義　ドイツの修復的司法〉，《罪と罰》第三十九巻第二期（日本刑事政策研究会，二〇〇二年二月）。
高橋則夫，《対話による犯罪解決——修復的司法の展開》（成文堂，二〇〇七）。
高橋則夫，《修復的司法の探求》（成文堂，二〇〇三）。
常本照樹，〈「日本型」先住民族政策の可能性について〉，《アイヌ民族と教育政策——新しいアイヌ政策の流れのなかで》，札幌大学附属総合研究所 BOOKLET 第四号（二〇一一）。

常本照樹，〈アイヌ文化振興法の意義とアイヌ民族政策の課題〉，北海道大学アイヌ・先住民研究センター編，《アイヌ研究の現在と未来》（北海道大学出版会，二〇一〇）。
常本照樹，〈アイヌ新法の意義と先住民族の権利〉，《法律時報》六十九巻九号（日本評論社，一九九七）。
常本照樹，〈アイヌ新法制定への法的課題〉，《アイヌ語が国会に響く》（草風社，一九九七）。
常本照樹，〈先住民族と裁判——二風谷ダム判決の一考察〉，《国際人権》第九号（国際人権法学会，一九九八）。
常本照樹，〈先住民族の文化と知的財産権の国際的保障〉，《知的財産法政策研究》第八巻（二〇〇五）。
常本照樹，〈憲法の最前線あるいは最辺縁——先住・少数民族の権利〉，紙谷雅子編《日本国憲法を読み直す》（日本経済評論社，二〇〇〇）。
張松，《臺灣山地行政要論》（正中書局，一九五三）。
現代企画室編集部，《アイヌ肖像権裁判・全記録》（現代企画室，一九八八）。
船田享二，《法思想史（全訂版）》（勁草書房，一九六八）。

陳叔倬、段洪坤，〈西拉雅族成為縣定原住民族的過程及其影響〉，《政大民族學報》第二十五卷（二〇〇六）。
陳漢瑛、何英奇，《臺灣原住民與非原住民青少年物質使用行為之預測：文化價值、態度、信念、社會控制與自我控制等因素（第二年）》（行政院衛生署研究計畫案報告，二〇〇二）。
黃智慧，〈從兩起臺灣原住民法庭訴訟事件論人類學知識行動的可能性〉，二〇〇七年臺灣人類學與民族學學會第二十三屆年會暨「人類學與民族學的應用與推廣」學術研討會論文。
最高行政法院一〇一年度判字第七三二號判決。
滋賀秀三，《中国家族法の原理》（創文社，一九七五）。
黃居正，〈無成長的原住民財產權論述〉，吳豪人主編《二〇〇三年臺灣人權報告》（臺灣人權促進會，二〇〇四）。
黃淑玲，〈變調的「naasal」：婚姻、家庭、性行業與四個泰雅族聚落婦女1960-1998〉，《臺灣社會學研究》第四期（二〇〇〇）。
新村出編，《広辞苑》第六版（岩波書店，二〇〇八）。

萱野茂、田中宏編，《二風谷ダム裁判の記録》（三省堂，一九九九）。
瑪莎・納思邦（Martha Nussbaum），《逃避人性：噁心、羞恥與法律》（*Hiding from Humanity: Disgust, Shame, and the Law*，方佳俊譯，商周出版，二〇〇七）。
福田歓一，《政治学史》（東京大学出版会，一九八五）。
臺北高等行政法院裁定九十七年度訴更一字第九十八號。
臺北高等行政法院裁定九十六年度訴字第〇〇九三二號。
臺灣省行政長官公署編印，《臺灣省行政長官公署施政報告》（一九四六）。
臺灣省政府，「山地行政改進方案」（一九六四）。
臺灣省政府，「山地施政要點」（一九五一）。
臺灣省政府民政廳，《進步中的本省山地》（一九五四）。
臺灣原住民族教授學會，「原住民族傳統財產權納入民法物權之研究及條文研擬計畫」期末報告（原住民族委員會，二〇一一）
臺灣慣習研究會，《臺灣慣習記事》第七卷第二號（一九〇七）。
臺灣總督府臨時臺灣舊慣調查會，《番族慣習調查報告書》（中央研究院民族學研究所編譯，一九九六－二〇〇三）

臺灣總督府警務局編，《日據時代原住民行政志稿》（原名《理蕃誌稿》）第一卷（陳金田譯，臺灣省文獻委員會，一九九七）
樋口陽一，《近代憲法学にとっての論理と価値》（日本評論社，一九九四）。
潘朝成、劉益昌、施正鋒合編，《臺灣平埔族》（前衛出版社，二〇〇三）。
潮見俊隆、利谷信義編，《日本の法学者》（日本評論社，一九七四）。
蔣介石，〈接見臺灣山地同胞代表致詞〉，《先總統蔣公思想言論總集（第二十三卷）》（中國國民黨黨史會，一九六六）。
璐蒂．泰鐸（Ruti G. Teitel），《變遷中的正義》（*Transitional Justice*，鄭純宜譯，商周出版，二〇〇一）。
謝若蘭，〈集體權與認同運動——當代平埔族群運動之初探〉，《臺灣國際法季刊》第八卷第一期（二〇一一）。
藤本哲也編，《諸外国の修復的司法》（中央大学出版部，二〇〇四）。
顧玉珍、張毓芬，〈臺灣原住民族的土地危機：山地鄉「平權會」政治經濟結構之初探〉，《臺灣社會研究季刊》第三十四期（一九九六）。

春山之聲　004

「野蠻」的復權

臺灣原住民族的轉型正義與現代法秩序的自我救贖

作　　者　吳豪人
總 編 輯　莊瑞琳
責任編輯　吳崢鴻
行銷企劃　甘彩蓉
封面設計　黃思維
內文排版　藍天圖物宣字社
法律顧問　鵬耀法律事務所戴智權律師
出　　版　春山出版有限公司
地址：11670台北市文山區羅斯福路六段297號10樓
電話：02-29318171
傳真：02-86638233
總 經 銷　時報文化出版企業股份有限公司
地址：33343桃園市龜山區萬壽路二段351號
電話：02-23066842
製　　版　瑞豐電腦製版印刷股份有限公司
印　　刷　搖籃本文化事業有限公司
初版一刷　2019年5月
初版三刷　2024年3月

定　　價　380元

Email　SpringHillPublishing@gmail.com
Facebook　www.facebook.com/springhillpublishing/

國家圖書館出版品預行編目資料

「野蠻」的復權：臺灣原住民族的轉型正義與現代法秩序的自我救贖 / 吳豪人作.
一初版. 一臺北市：春山出版, 2019.05
面；　公分. 一（春山之聲；4）
ISBN 978-986-97359-3-3（平裝）
1.臺灣原住民 2.原住民行政法規 3.論述分析
588.29　　108005430